优雅人生，
从形体礼仪开始

李书玲 —— 著

吉林出版集团股份有限公司
全国百佳图书出版单位

图书在版编目（CIP）数据

优雅人生，从形体礼仪开始 / 李书玲著. -- 长春：
吉林出版集团股份有限公司, 2022.12
ISBN 978-7-5731-2275-9

Ⅰ.①优… Ⅱ.①李… Ⅲ.①女性－形体－礼仪－研
究 Ⅳ.①K891.26

中国版本图书馆CIP数据核字(2022)第173821号

YOUYA RENSHENG, CONG XINGTI LIYI KAISHI

优雅人生，从形体礼仪开始

著 者	李书玲	
责任编辑	杨 爽	
装帧设计	仙 境	

出　　版　吉林出版集团股份有限公司
发　　行　吉林出版集团社科图书有限公司
地　　址　吉林省长春市南关区福祉大路5788号　邮编：130118
印　　刷　北京亚吉飞数码科技有限公司
电　　话　0431-81629711（总编办）
抖 音 号　吉林出版集团社科图书有限公司　37009026326

开　　本　710 mm×1000 mm　1 / 16
印　　张　14
字　　数　155 千
版　　次　2022 年 12 月第 1 版
印　　次　2022 年 12 月第 1 次印刷

书　　号　ISBN 978-7-5731-2275-9
定　　价　56.00 元

如有印装质量问题，请与市场营销中心联系调换。0431-81629729

　　女性之美包罗万象，形体之美最为外显。

　　女性形体礼仪，美在形体，雅在仪态。良好的形体是女性健康身心和审美的体现，也能有效规范举手投足、行为举止，使女性在与人交往中表现出良好的个人形体礼仪素养。

　　全书带你系统认识形体美、塑造形体美，打造专属于你的女性形体魅力，为优雅人生奠基。

　　首先，认识形体美。本书带你了解女性形体特点与发展规律，帮你准确判断自己的身材类型，科学认知肥胖与消瘦，了解改善形体的益处，建立正确的形体审美观。

　　其次，塑造形体美。本书带你科学有效地改善形体、塑造形体。从优雅体姿到形象气质提升，从形体基础训练到形体局部塑造，从形体缺陷矫正到提高形体表现力、形体活力，能满足你塑造形体的多元需求，带你轻松快速拥有优雅体姿和良好

气质，实现美背、塑胸、提臀、瘦腿等梦想，真正拥有健康、健美的形体。

本书逻辑清晰，内容丰富，详细阐述了芭蕾把杆训练、中国舞身韵练习技巧，细致展示了不良形体缺陷矫正以及圈、球、绳、带、巾等轻器械形体塑造方法，系统说明了健美操、瑜伽、普拉提、体育舞蹈等项目的练习动作及方法，具有较强的实用性和指导性，全方位帮你塑造形体。

改善形体，自我悦纳，礼待他人。阅读本书，助你收获健康、收获自信、收获优雅人生！

作　者

2022 年 8 月

目录
CONTENTS

第一章

认识形体——开启优雅人生

第二章

亭亭玉立——优雅体姿学练

第五章

仪静体闲——形体局部塑造

第六章

尽态极妍——形体缺陷矫正

第七章

巧用器具——丰富形体表现力

第八章

精选项目——增强形体活力

认识形体——开启优雅人生

女性的美丰富多彩。

形体美是女性最直观的外在美，是女性魅力的重要组成部分。

一个优雅的女性，举手投足都会散发出迷人的气质，让人感到亲切、赏心悦目。良好的形体美总是能给人留下难忘的印象。

认识形体，了解女性形体特点与发展规律，树立科学的形体美观念，为健身塑形奠定正确的理论认知基础，改善形体，开启优雅人生。

女性形体特点与发展规律

　　"爱美之心，人皆有之"，对形体美的追求是女性追求美的永恒话题。良好的形体是女性身心健康的基础，也是女性自信的源泉。

　　你关注自己的形体健康美吗？良好的形体礼仪曾经给你带来了哪些益处？在你看来，女性形体具有哪些突出特点和客观发展规律呢？

认识你的形体

女性与男性生理结构不同，因此，女性表现出与男性不同的形体特点，展现出女性形体特有的美。与正常成年男性相比，正常成年女性形体特点如下：

首先，女性皮下脂肪较多，皮肤更富有弹性和光泽，肌肉力量较小；女性关节韧带松弛，弹性好，柔韧性好；胸廓较小、心脏重量和体积不及男性心脏，心肺功能较差，易疲劳且运动后恢复时间较长。

其次，女性一般躯干修长、体重较轻、肩部窄小、盆骨宽大，身材曲线较为明显。

除了与男性进行比较，你还可以通过了解形体构成来认识自己的形体。

玲珑曲线，曼妙优雅

具体来说，女性形体主要有三个构成要素：体格、体型、姿态。

全面认识女性形体的三方面构成要素，有助于你了解自己的形体发育是否符合女性形体发育的普遍美。

🌸 体格

通过形体各部位的测量所得数值，你能了解自己的体格发育情

女性形体美的构成要素

况，如身高、坐高，体重，胸围、腰围、臀围，臂长、腿长，肩宽、骨盆宽等。

很多女性存在预估身高数值大于实际身高数值、预估体重数值小于实际体重数值的情况，这也充分表明了女性对形体美的重视和追求。

🌸 体型

女性通常将自己的体型与穿着联系起来，希望通过不同的衣着修饰让自己的体型看起来更加完美。女性体型有很多种，不存在哪一种体型最完美的情况，只要身体各部位比例匀称、协调，就说明你的体型是正常的。

姿态

女性形体美会在举手投足中表现得淋漓尽致。女性形体姿态美表现在站、坐、走、卧等多个方面。

与体格美、体型美不同，姿态美是一种动态的美。良好的姿态不仅有助于弥补体格、体型方面的不足，还能反映一个人的内心世界，体现出女性的内在精神与文化修养。

女性形体美的基本标准

女性形体美是一种整体美，各部位形体特点突出，整体匀称协调。女性形体美具体表现在以下几方面：

● 五官端正，面色红润、精神焕发。

● 皮肤细腻、有光泽。

● 胸部丰满、挺拔，双肩对称。

● 腰细、腹平，腰腹肌肉紧实、灵活。

● 臀部圆满、上翘、有弹性。

身姿挺拔，彰显魅力

- 双腿修长、线条匀称。

- 脊柱曲度正常，关节灵活，骨骼形态好。

- 站姿挺拔、坐姿端正、走姿自然稳健。

- 女性整体应表现出优雅娴静、聪慧温和的阴柔之美。

 # 女性形体发展规律

　　女性形体发展表现出一定的规律性，遵循形体发展规律是塑造健美形体的重要基础。

　　客观性——人体发展规律具有客观性，它不以个体的主观意志为转移，任何女性的形体发展都不可能违背人体形体发展规律。

　　遗传性——女性形体发展受人体遗传性规律的制约，如父母的身高对子女的身高发展有影响。再如在运动选材中，选材者会调查备选者家庭成员的身体情况，通过了解备选者家庭成员的身体形态发育情况可以大致推断出备选者的身体形态发育程度。

　　普遍性——女性形体发展具有普遍性，具体表现在女性人群和男性人群形体具有性别上的普遍差异。

　　有序性——女性形体发展会随着年龄的增长而表现出有序的规律性，如在 12～14 岁、16～23 岁出现两次身高生长高峰，在青春期到来后会出现第二性征。

女性常见身材类型

　　身材是形体的整体外观，女性大都非常在意自己的身材，希望自己拥有和谐的身材比例。

　　你知道女性身材主要有哪几种类型吗？你属于哪一种类型的身材？这类身材有哪些优缺点呢？通过哪些方法可以让自己的身材变得更完美呢？

形体管理从了解身材开始

身材类型，即体型，是女性形体中最显著的形体构成要素。

好身材关系到女性的自信度、幸福感，了解自己的身材类型，让你的形体管理有的放矢。

根据不同的分类方法，女性身材有不同的分类。一般来说，三角形（包括正三角和倒三角）、椭圆形、方形、沙漏形是几种比较常见的女性身材类型。

不同的身材类型，相互之间只是外观形态不同，并没有孰好孰坏之分，只要能充分利用好自己的身材优点，学会扬长避短，就能在气质、衣品、行为举止等方面有出众的风采。

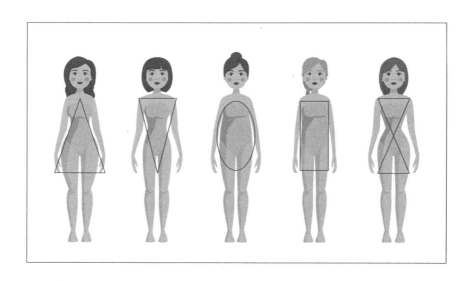

女性常见身材类型

不同身材类型的形体特征

正三角形身材（也称梨形身材）和倒三角形身材（也称 V 形身材）是三角形身材的两种细分类型。简单概括来说，正三角形身材肩窄臀宽，脂肪主要堆积在臀部和大腿部位；倒三角形身材肩宽臀窄，脂肪主要堆积在肩部。

椭圆形身材（也称 O 形身材、苹果形身材）的女性的皮下脂肪主要堆积在腰腹、肩背部位，往往会给人一种体量大的感觉。

方形身材（也称 H 形身材、香蕉形身材）视觉上有一种"上下一样粗"的感觉，一般来说，四肢纤细，但是躯干各部位由于缺乏曲线而显得不够婀娜。超模们大多属于比较瘦的方形身材。

沙漏形身材（也称 X 形身材）是一种相对来说比较理想的身材类型，这种身材的女性腰部纤细，身材曲线比较明显，但胖沙漏仍然会给人一种体形笨重的感觉。上述几种身材类型可以通过局部减脂塑形，不同的是，胖沙漏身材的女性适合全身锻炼减脂，以保持身材的整体匀称和比例协调。

了解不同身材类型的特征，有助于不同女性更有针对性地进行健身锻炼，以让自己的身材更加完美。

不过度追求"完美身材"

每一位女性都想要拥有完美身材，但其实完美身材并不存在，没有哪一种身材是绝对完美的。不同身材各有优缺点，万万不可让自己陷入以下"完美身材"的误区。

● 瘦就是美。很多女性认为越瘦越好，希望通过素食、节食来达到让身体变瘦的目的，这是一种错误的形体美认知，过于消瘦是一种病态，形体塑造必须在保持身体健康的基础上进行。

● 减重就是减脂。很多女性在形体塑造初期发现自己的体重减轻了就认为自己身体脂肪少了，其实并非如此，不经常运动者在健身一段时间后体重减轻是体内水分减少的结果，补充水分后体重可能回弹，减重不等于减脂，减脂主要是指减少身体内多余的脂肪。

● 人工制造"完美身材"。一些女性希望在追求形体美的路上走捷径，通过药物、手术干预打造"完美身材"，由此可能引发一些不良后果，这是不爱惜自己身体的表现，不值得效仿。

正确认识肥胖与消瘦

对于女性来说，胖一点好还是瘦一点好呢？不同的身材对胖瘦（皮下脂肪含量）的需求不同，同一种身材身体局部位置的胖瘦需求也不同。

你认为自己是偏胖还是偏瘦呢？是怎么判断的呢？

胖还是瘦，如何判定

女性的形体从来都没有一个固定的标准，高矮胖瘦，各有各的美，身体的胖和瘦是相对而言的，体重是衡量一个人胖瘦的重要指标。

对于正常成年女性来说，可以通过以下公式来计算自己的标准体重，再将实际体重与计算所得的标准体重进行比对，从而对自己的体重是否合理、身材是偏胖还是偏瘦有个大致的判断。

$$标准体重=身高-100-[（身高-150）÷2]$$

正常成年女性标准体重计算公式 [①]

在上述公式中，体重取千克（kg）数值，身高取厘米（cm）数值。

一般来说，实际体重和标准体重相差 10% 以内，均可视为正常体重。如果实际体重与标准体重相差超过 20% 则为肥胖或消瘦。女性普遍会认为自己体重超重。

---

① 李鸿.形体修塑原理与实践 [M].成都：电子科技大学出版社，2005：3.

　　体重是评判个体胖瘦的指标之一，而不是唯一标准，个体胖瘦的评判还要考虑年龄、身材比例等因素。

 ## 肥胖或消瘦的原因

　　肥胖或消瘦不仅会影响形体美，还会对女性的健康造成不良影响，如运动能力不足，身体素质下降，引发高脂血症、营养不良等肥胖或消瘦导致的病症。

　　女性肥胖或消瘦的原因是多种多样的，了解自己肥胖或消瘦的原因有助于"对症下药"，从根本上解决肥胖或消瘦问题。以下为引起肥胖或消瘦的主要原因。

肥胖可能导致身体素质（如柔韧性）下降

🌸 饮食不科学

饮食不科学是导致女性肥胖或消瘦的重要原因之一。

饮食不科学主要表现在多个方面，包括偏食、挑食、过度节食、暴饮暴食等。长期过量食用油炸类、烧烤类、膨化类、重油重盐类食品可导致肥胖。过度节食可使人消瘦，甚至引发厌食症，给身体健康造成严重的不良影响。

🌸 运动不足

运动不足是引发肥胖的主要原因。

通常，当人体每天的摄入总热量与消耗总热量保持在一个相对稳定的范围时，人体的体重、体内脂肪含量等与肥胖相关的数据才能保持在一个相对稳定的范围。如果在某一段时间内，人体每天的摄入总热量持续大于或小于消耗总热量，人体就会变得肥胖或消瘦。

人体的摄入总热量与饮食有关，消耗总热量与运动有关。

运动不足，意味着人体消耗总热量少，体内热量更多地将以脂肪的形式被储存起来，由此便会引发肥胖。

长期久坐不动、久站不动的女性，体内的脂肪会慢慢堆积，从而导致身体肥胖。

❀ 精神压力大

现代女性在家庭、社会中均承担着非常重要的角色，往往面临着很大的精神压力，而很多女性在面对快节奏的生活、学习、工作时，不能及时、正确地排解这些压力，这就会导致很多女性的身心出现一系列的问题，从而引发肥胖或消瘦。

例如，精神压力大会造成内分泌紊乱，进而直接导致肥胖或消瘦。

再如，精神压力大会导致暴饮暴食、食欲不振、睡眠质量不好等，进而间接导致肥胖或消瘦。

❀ 药物和疾病

药物会引起人体内分泌失调进而引发身体肥胖，疾病可引发身体一系列不适进而导致身心受损而使身体消瘦。

一些女性希望通过摄入药物来达到减肥的目的，这是非常不科学的想法和做法，是不可取的。

这样做，拒绝肥胖和消瘦

针对上述引起肥胖或消瘦的主要原因，可以有针对性地采取相关措施防患于未然，真正做到拒绝肥胖和消瘦。

❀ 科学饮食

科学饮食是女性保持健康和良好形体的基础。科学饮食要培养健康的饮食习惯，尽量避免刺激性饮食、暴饮暴食，在此基础上应坚持以下饮食原则：

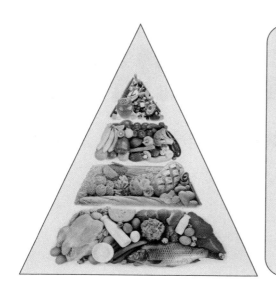

★ 均衡营养

★ 定时、按需摄入

★ 饮食多样化

★ 少油少盐

★ 严控饮酒

科学饮食原则

❀ 坚持运动

运动可增加身体的热量消耗，女性可结合自身的形体完善需求来选择适合自己的运动项目和运动内容。

坚持科学运动能帮助女性有效预防体内多余脂肪的堆积，进而能

积极运动，改善亲子关系

坚持运动，永葆青春活力

避免肥胖，更能改善气色，调整心态，增强自信，增进人际关系，提升幸福感，为身体带来生命活力。

🌸 保持良好心态

良好的心态能缓解精神压力对个人身心健康的冲击，可以让人保持健康的身心状态，也为形体管理奠定良好的基础。

除了要积极面对生活、学习、工作压力，保持积极阳光的心态去面对和解决这些压力之外，女性在形体塑造的过程中还要积极应对"减肥效果差""体重反弹""增肌效果不明显"等问题。

如果不能正确看待和解决形体塑造过程中所遇到的一系列问题，可能造成女性的"形体焦虑"，进而导致放弃运动。对此，每一位女性都应该保持平和、乐观的心态，积极学练和掌握正确的方式方法，成功解决形体塑造方面的困扰和焦虑。

🌸 建立正确的健康观、审美观

个体的健康是身体、心理、社会适应等多维健康，任何美都不能打破健康这个基础。失去健康的美是畸形的美。

真正的形体美是需要建立在身心健康的基础之上的。

自信的女性应对自己的形体有客观的认识，也要对健康的形体美有正确的认识，要避免被社会上流行的一些所谓的"标签化"的"标准美"所误导。

女性应该通过科学运动与科学饮食相结合的方法来完善形体、提升优雅气质，切不可选择药物或不安全的医学干预手段走所谓的"捷径"，也不要按照他人制订的"美丽标准"来要求自己，健康的、匀称的形体才是美的形体。

形体可塑性——让形体改善成为可能

　　女性的形体状况在不同的时期是会发生变化的，比如青春期、孕期、更年期等。只要方法科学，就能让形体保持理想状态。

　　通过运动健身，女性的身体形态是如何一点点发生变化而变得更加完善的呢？

人的形体具有可塑性，这是女性实现通过运动健身、健美来塑造形体的愿望的基本前提。

对于形体而言，脂肪塑造线条，肌肉刻画形态，骨骼提供支撑。女性科学参与运动健身、健美，主要是通过对脂肪、肌肉、骨骼的塑造来改变形体外观，使体态轻盈、线条优美、皮肤紧致等。

 ## 塑造脂肪，调节脂肪含量

不同女性体内的脂肪含量不同，同一个人身体各部位脂肪含量也不同，脂肪在身体不同部位的或多或少，让不同的人具有不同的形体。

就女性自身脂肪总含量而言，脂肪含量应保持在正常范围，过多或过少都不好。脂肪过多，形体肥胖壮大，身体负担大；脂肪过少，形体消瘦干瘪，抵抗力低。女性体内脂肪含量的正常范围可以通过体重指数（BMI）来测定。

$$BMI = 体重 \div 身高^2$$

正常成年女性体重指数计算公式

在上述公式中，体重取千克（kg）数值，身高取米（m）数值。

一般来说，我国正常成年女性的体重指数的正常范围为：18.5～22.9。

与肌肉、骨骼相比，脂肪是女性形体塑造中最容易成功塑造的部分，这也是减脂塑形原理的具体表现。

科学的减脂能帮助女性有效调节皮下脂肪的含量，进而让形体发生改变。如减少肩背部、腰腹部脂肪堆积，使手臂、小腹更紧实，让形体显得更加轻盈灵动、线条流畅。

减脂前后的形体变化

塑造肌肉，改变肌肉结构

紧实的肌肉是女性形体"健"和"美"的基础。肌肉的正常收缩帮助人体完成各种动作，如摆臂、抬腿、转身等；肌肉的结构与形态影响女性局部形体状态，如青少年女性的肌肉所含水分多、柔软，肌纤维细；老年女性的肌腱反射减弱、肌纤维萎缩、肌肉松弛。

女性通过有针对性的运动，可以使肌纤维增粗、使肌肉力量增大、使肌肉紧致等。当身体内部的肌肉结构发生改变后，身体外部形态也会发生改变，因此可以健美形体。

 ## 塑造骨骼，改善骨骼形态

骨骼是人体的重要支撑，人体轮廓、形体高矮、身体姿态等都会受到骨骼生长发育的影响。一些不好的行为习惯会影响骨骼生长，形体训练可以纠正不良体姿，改变骨骼形态，美化形体。

骨骼会随人体的生长而生长，当体内环境或外界环境发生变化时，骨骼结构会发生改变。

很多女性在学生时代伏案学习，运动不足，身高增长缓慢，或者写作业、听讲时坐姿不端正，导致脊柱曲度不正常、歪斜、驼背。还有一些女性在工作后由于长期需要站立，下肢过度负重导致下肢骨弯曲、足弓塌陷，造成"O形腿"和"X形腿"等，严重影响形体美观，也让女性很不自信。

不同骨骼形态下的形体变化

  针对上述形体问题，通过正确、合理的形体训练可以实现对骨骼的重塑，让骨骼向有利于形体美的方向生长。比如在身高发育的敏感期通过科学的运动促进身高长高，让双腿修长；通过形体矫正练习，让脊柱曲度正常、后背挺拔，让你的气质更出众。

亭亭玉立——优雅体姿学练

优雅的站姿，正确的坐姿，自信的走姿，不仅体现了女性温婉的外在形体，更展示了女性自信、出众的内在气质。

容貌天生，不易改变，体姿却可以通过后天的努力而改善，优雅的体姿能为女性增添魅力。

掌握正确的体姿学练要领，打造优雅的体姿形态，保持健康的体魄，提升女性气质，开启别样人生。

站姿

良好的站姿体现女性亭亭玉立、落落大方的仪态美，展示了女性健康的体魄和自信的内心，显示了女性优雅的气质和良好的精神状态。

你平时注意自己的站姿吗？你能说出哪些站姿优雅得体吗？在你看来，良好的站姿对女性有哪些益处呢？

标准站姿

站姿指站立姿势，是最基本的形体姿势。站姿是静态造型动作，是其他动态造型动作的基础。俗话说"站如松"，即指站立时要像松树一样挺直。

采取正确的站姿，身体各部位张弛有度，有利于身体健康发展，有效预防腿部、脊柱等身体部位畸形发展。

标准的站姿为：抬头挺胸，头正肩平，眼睛正视前方，下颌微收，收腹提臀，腰背挺直，双臂自然下垂，中指与裤缝对齐，双腿靠拢，脚后跟齐平，脚尖张开约呈 60°，身体重心位于两腿中间。无论从正面还是侧面看，身体都应笔直挺拔，展现精神饱满的气质。

> 一要平：头平正，肩平直，眼平视。
>
> 二要直：腰直，腿直，后脑勺、背、臀、脚后跟成一条直线。
>
> 三要高：重心上拔，看起来显高。

标准站姿的要点

休闲站姿

日常生活中，如果使用标准站姿会显得呆板，在平时的生活中女性可以在标准站姿的基础上灵活变动，形成适合自己的休闲站姿。

　　休闲站姿不必拘泥于一种形式，但所有的站姿都是在标准站姿的基础上，通过改变手或脚的姿势而来，其中脚部姿势丰富多样，常用的脚部姿势如下：

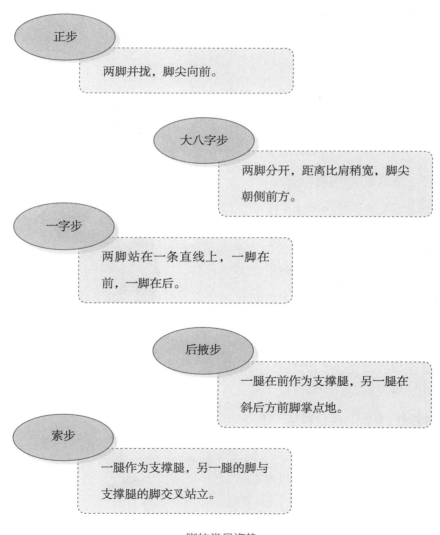

正步　两脚并拢，脚尖向前。

大八字步　两脚分开，距离比肩稍宽，脚尖朝侧前方。

一字步　两脚站在一条直线上，一脚在前，一脚在后。

后掖步　一腿在前作为支撑腿，另一腿在斜后方前脚掌点地。

索步　一腿作为支撑腿，另一腿的脚与支撑腿的脚交叉站立。

脚的常见姿势

女性礼仪站姿

在一些正式场合往往需要使用礼仪站姿。女性礼仪站姿包括腹前握指站姿以及自然式站姿等，它们均是在标准站姿的基础上演变而来的。不同站姿的适用场合各不相同。

丁字步站姿

腹前握指式站姿常用于空乘、高铁或其他接待场合。该站姿在标准站姿的基础上改变了手部和脚部的动作：两手四指并拢，互相叠起，大拇指交叉相握，双手呈心形置于腹部肚脐以下约四指的位置；一脚脚尖向前约指向 11 点钟方向，另一脚向后，后脚脚窝抵于前脚脚后跟处，两只脚呈"丁"字形。除此之外，在双脚呈丁字步的基础上，双手可以根据需要摆放。

丁字步站姿

❀ Ｖ字步站姿

自然式站姿是在标准站姿的基础上，双脚呈"V"字形，右手自然地握住左手手掌，双手放于腹前，或根据需要自然摆放。

 优雅站姿学练

优美、典雅的站姿可以通过后天练习而成，通过正确的练习方法可以起到良好的形体塑造效果。

Ｖ字步站姿

❀ 贴墙直立站

贴墙直立站要求练习者身体直立，背靠墙体，头部、肩部、背部、臀部、小腿部、脚部尽可能地贴墙，脚后跟并拢，脚尖呈Ｖ字形。

在练习时，要注意挺胸立腰，整个身体向上延伸；收腹提臀，使腹部肌肉有紧绷感；双膝并拢，如果双膝之间存有缝隙，可以通过持续收紧臀肌、不断训练来逐步缩小双腿间的缝隙。

🌸 头顶书本站

练习者首先采用标准站姿站立，然后将书本置于头顶，并保持书本不掉落。练习过程中，注意挺直脖子、收紧下巴、挺胸立腰，并保持身体的平衡和稳定。

贴墙直立站　　　　　　　　　　头顶书本站

坐姿

无论是在工作还是生活中，良好的坐姿都能体现女性充满活力的内在精神面貌，优雅的坐姿不仅对身体大有裨益，更能体现女性的体态美。

你平时注意自己的坐姿吗？你能说出自己的坐姿有哪些地方需要改善、有哪些训练方法可以帮助改善吗？

 **标准坐姿**

坐姿，即坐下时的姿势。俗话说"坐如钟"，即指坐下时要像座钟一样端正。

无论是在工作中还是生活中，坐姿都是常用的静态身体姿势，保持正确的坐姿不仅能够展现女性内在的气质，有益身体健康，还能有效预防肩颈、腰等身体部位发生畸形。

标准的坐姿要求头部端正，肩胛骨下沉，腰背挺直，胸部挺起，身体端正舒展，重心垂直或微微前倾，略微收紧腹部。女性在端坐时应双膝并拢，双膝与双脚都朝向正前方，双手自然相握置于两腿之间，目光正视前方。在社交活动中，女性落座时不要坐满椅面，也不要靠在椅背上，以坐至椅面的三分之二处为宜。

一要正：头平正，双膝双脚指向正前方。

二要直：腰挺直，肩平直，后脑勺、后背成一条直线。

三要空：椅子不坐满，空出约三分之一。

标准坐姿的要点

 休闲坐姿

居家休闲时，不必采用标准坐姿，可以选择相对随意、舒适的坐姿，让身体得到放松和休息，如果穿裙装应注意并膝这个小细节。

 女性礼仪坐姿

 腿的不同姿势

礼仪体现一个人的教养和气度，在人际交往中，优雅的礼仪坐姿能够体现女性端庄的内在气质，展现女性独特的形体美。

在标准坐姿的基础上，改变脚的姿势演变出多种礼仪坐姿，其大致可分为以下几种：

垂直式

上身与大腿、大腿与小腿、小腿与脚部都呈直角，双膝双腿完全并拢。

屈直式

大腿与膝盖靠紧，一脚伸向前，另一脚屈回，两脚前脚掌着地并在一条直线上。

前伸式

双腿与双脚并在一起，向前伸出一脚的距离，可向正前、左前、右前伸直。

后屈式

两腿和膝盖并紧，两小腿向后屈回，脚尖着地。

礼仪坐姿的分类

🌸 落座与离座礼仪

女性不仅在坐下时要保持正确的坐姿，在落座与离座时也要注意相关礼仪。

落座时，不要与人争抢，侧身从左侧走近座椅就座。如果位于椅子前方，背对座椅，则首先保持标准站姿，然后右腿后退，用小腿确定椅子位置并落座。就座时目视前方，上身保持正直状态，落座的过程要缓慢，尽量不发出声音。女性身着裙装落座时，要在落座的同时用双手自后向前拢裙，避免落座后再进行整理。

离座时，从座位左侧离开。离座前先以语言或动作提醒周围的人，以免突然站起惊扰他人。起身时尽量不弄出声响，站好后方可离开。

摒弃不雅腿姿与脚姿

不雅腿姿：双腿叉开过大、抖腿、将腿架在桌子上、腿直挺挺地伸向前方等都是有碍他人的不雅行为。

不雅脚姿：脚跟着地，脚尖翘起，指向他人或以脚蹬踩物体。

在工作或人际交往中，女性要时刻注意保持优美的坐姿，摒弃不雅坐姿，展现个人良好的修养。

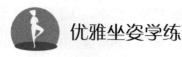

优雅坐姿学练

通过正确的练习，可以改善坐姿。只要持之以恒，每天利用空闲时间坚持练习 20 分钟左右，就可以纠正不良坐姿，养成良好的坐姿习惯。

❀ 背夹毛巾坐

坐在椅子上，后腰挺立，双腿微微分开，双手自然放于身体两侧，将卷好的毛巾置于两肩中间，身体后靠，肩胛骨向内收紧保持约 5 秒时间，然后放松。每天可多次练习。

❀ 头顶书本坐

在标准坐姿的基础上，头顶放置一本书，保持身体稳定，头顶的书不掉落。练习时，注意挺直脖子、收紧下巴、挺胸立腰。

在进行练习时，镜子是一个很好的工具，在镜子中练习者可以直接看到自己的姿势哪里有问题并及时改正。

为了增加练习的趣味性，可以设置具体情境练习，如模拟招聘会、见面会等，练习者在具体的情境中练习能够有更深的体会和趣味性。

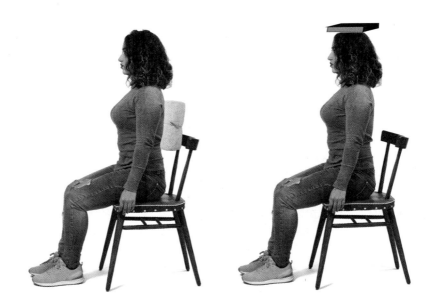

背夹毛巾坐与头顶书本坐示意图

走姿

行走的姿态可以展现女性的心境与魅力，大方的走姿体现女性自信的气质，优美的走姿体现女性温柔的内心。

你平时注意过自己或他人的走姿吗？你觉得哪一种走姿更加优雅动人？这种走姿有什么特点呢？

 **标准走姿**

不同于站姿与坐姿，走姿是动态姿势，是站姿的延续性动作。优雅的走姿能展现出女性的动态美，体现出女性良好的精神面貌，反映出女性的良好内在修养与素质。

行走是最常见也是最常用的运动形式，行走带动身体多个部位的肌肉群，正确的行走姿势搭配一定的步数能起到增强体质、提高人体免疫力的效果，还能避免给身体带来损伤。标准的走姿要注意以下几点：

🌸 腿与脚

两腿交替屈伸向前行走，两腿距离不可过远。行走时，脚后跟先着地，前脚掌最后离地，两脚交替向前走动。

🌸 重心

起步时，重心落于前脚掌，脚跟离地，带动脚向前行走，并随着脚步的移动不断向前行进。行走过程中，重心不可偏后或过分前移，以重心靠前 3 厘米左右为宜。

❀ 身体部位

手臂随行走的节奏前后自然摆动，向前摆动时，身体与手臂的夹角不超过 30°，向后摆动时幅度不超过 15°。手臂摆动时，应朝向前后方向，两手臂平行，不可内扣或外撇。

行走时，身体其他部位应保持标准站姿动作，身体挺直，头正肩平，目视前方，挺胸收腹。

❀ 步幅与节奏

女性行走的步幅以略小于自己的脚长为宜，行走的速度不疾不徐，步态轻盈优雅，展现女性恬静之美。

❀ 线迹

行走时，两脚内侧应走在一条直线上，两脚不能向外撇也不可以内扣，这样的走路姿势大方得体，并能够体现女性走姿的柔美。

> 一要平：头平正，肩平直，双眼平视。
> 二要直：挺胸直腰。
> 三要自然：双臂自然摆动，双腿自然向前迈出。

标准走姿的要点

女性行走礼仪

在行走过程中如果需要与人交流、互动，则要注意以下几点：

● 礼让他人。行走时，路遇人多的地方要照顾他人感受，讲究先来后到，不可着急抢道先行。

● 保持道路畅通。行走在狭窄路段时，要快速通过，不可慢慢悠悠前行，以免阻挡他人行进。

● 与人打招呼要正视对方。当在前行过程中需要与人打招呼时，头部、上身应同时转动，并向对方微笑点头致意，避免斜视他人的不礼貌行为。

● 与他人告别勿着急离开。当与他人告别时，切勿直接扭头就走，而应后退几步，再转身离开。后退时可以采用较小的步幅，要先转身再转头，不可反过来。

● 引导他人前行要礼貌。当需要引导他人前行时，要位于对方左侧，保持大约两步的距离。身体稍微向右转体，朝向对方，并辅以手势指引对方。

摒弃不良行走习惯

行走时要保持优雅，并摒弃以下不良的行走习惯。

方向不定：行走时不沿直线向前，而是忽左忽右。

忽走忽停：行走时忽然停下或忽然起步行走。

连蹦带跳：行走时因开心或情绪激动而蹦蹦跳跳。

突然快跑：走着走着突然毫无征兆地跑起来。

噪声大：行走时脚不抬起来，摩擦地面，或穿着带金属跟的鞋子，导致走起路来噪声大。

气势傲慢：行走时双手背后或昂着头。

优雅走姿学练

通过科学的方法，并不断加以练习可以改善不良走姿，形成端庄、娴雅的行走姿态，常用的练习方法如下：

❀ 立踵行走

立踵行走，即提起脚后跟，用脚尖行走。双手叉腰，脚后跟并拢并提起，脚尖着地，上身挺直，正步行走，行走过程中一直保持脚后跟提起的状态。该行走练习可以有效锻炼腰部的控制力，让你的走姿更加挺拔。

🌸 直线行走

沿着地板的缝隙或其他直线练习行走。行走时，双脚内侧抵住直线，脚尖向前，避免脚尖内扣或向外。行走练习过程中，注意保持标准走姿并面带微笑。使用直线行走法练习走姿，能够让走姿更加平稳，步伐更加稳健。

🌸 顶书行走

顶书行走法是在标准走姿的基础上，头顶书本进行练习。为了使书本不掉落，练习者在行走过程中，要保持腰背和头颈的挺立，且走路需基本维持同一高度，不可起起伏伏。

使用顶书行走法可以有效改善练习者行走时摇头晃脑、低头、驼背等不良习惯，帮助练习者形成挺拔的走姿。

进行行走练习时，要保持身体平稳，减少身体上下颠动、左右晃动的情况。对镜练习仍是有效的方法，对着镜子可以让练习者清楚地看到自己存在的走姿问题并加以改正。

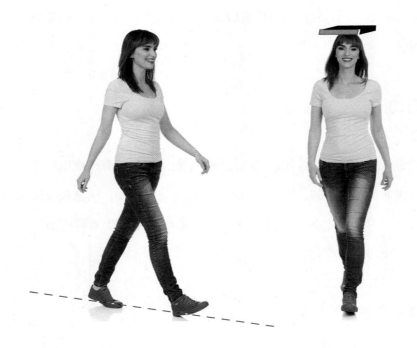

直线行走　　　　　　　　　　顶书行走

落落大方——形象气质提升

女性优雅美好的形体，自然得体、落落大方的言行举止能够体现女性不俗的审美品位和深厚的内在修养。和气质高雅的女性相处，总令人如沐春风。

了解肢体语言和社交中的肢体礼仪，掌握得体衣装的技巧，掌握得体妆容的要求和注意事项，打造优雅的外在形象，提升精神底蕴和内在涵养，内外兼修，绽放你的独特魅力。

了解肢体语言

在社会交往中，女性运用优雅得体的肢体语言、生动丰富的感官形象配合有声语言去表达情绪、传递心声，能大大增强表意效果。

你知道什么是肢体语言吗？常见的肢体语言有哪些？在社交场合中，你习惯于用怎样的肢体语言去传达情感与信息？

什么是肢体语言

肢体语言，又称为形体语言，指的是通过身体各部位的协调活动来传情达意的一种沟通方式。

很多时候，人的形体姿态比有声语言更富有感染力。当女性运用丰富的肢体语言去传情达意时，其端庄优美、落落大方的仪表仪态及举手投足间的魅力会给人留下良好的印象。

 ## 常见的肢体语言

女性的行为、姿态往往能够反映其自身的修养和对他人的尊重程度。想要彰显形体美、掌握社交中的肢体礼仪，不妨先来了解一下常见的肢体语言：情态语言、动作语言。

✿ 情态语言

情态语言，是一种表情语言，包括目光语、微笑语等，可以彰显人的心理动态。

目光语

眼睛是心灵的窗户。人们可以通过多变的眼神来传递信息、表达情感。

微笑语

微笑通常表示友好与亲近，与其他肢体语言叠加，能形成统一、和谐的形态美。

常见情态语言

🌸 动作语言

动作语言，指的是人的身体不同部位变换动作，以传达某种含义，最典型的动作语言有手势语和姿态语。

手势语

手势语在生活中运用频繁。丰富的手势语能直观地展现人的心理活动。

姿态语

站立、行走、弯腰等不同的姿态语能传达不同的信息与情感。

常见动作语言

社交中的肢体礼仪

肢体语言在社交中被广泛运用，有其独特的作用和意义，女性掌握相关肢体礼仪知识，有助于提升人际交往魅力。

你对社交中的肢体礼仪有所了解吗？在你看来，社交中不得体的肢体动作有哪些？

　　社交中的肢体礼仪是一种在社会交往中所使用的非语言的礼仪。女性的肢体礼仪主要体现在其仪态上，而仪态指的是一个人的面目表情、行为、动作等，个人的一举一动都能反映出其自身的修养。除了站立、坐下、走动之外，女性也要注意其他动作和面目表情是否优美得体、符合礼仪规范，比如眼神、手势、蹲姿等。

 ## 眼神礼仪

　　在社交中，当我们和人交谈的时候要注意眼神交流，不要东张西望或眼神躲闪、不去正视对方的眼睛，这对攀谈对象而言是很不礼貌的。女性应该通过眼神来传达"我尊重你／对你所谈论的话题很感兴趣"等信号，通过和善亲切的目光来表达积极的情感。

当对方说话时，目视对方，不东张西望。

目光从容、温和，正视对方的两眼和嘴部的三角区，不要瞟来瞟去，游移不定。

凝视的时间应有限度，最好在4、5秒后就自然地转移目光；不要长时间地凝视对方，这会让人感到很不自在。

女性在社交中的眼神礼仪

女性温和、灵动的眼神，流转的眼波能营造好的社交氛围，可以给人以亲切感、柔和感。

 ## 手势礼仪

"心有所思，手有所指"，手是人体最富有灵性的器官之一，而作为最常见的肢体语言，手势含义丰富且极具表现力。手势是一种综合体态语言，大致由速度、力度、幅度、弧度等构成，具有指示、形象、模拟等功能。

"请"

"加油"

"停止"

不同手势的含义

在社交场合中，女性可运用各种手势去加强语气，强调内容，但是一定要注意相关的手势礼仪。

手势的力度适中，给人以"柔中带刚"、行云流水之感。

手部动作要优美规范，动作幅度较大时，应微夹腋下，肘部尽量靠近身体，不给人留下张牙舞爪的印象。

不要频繁地运用手势，幅度也不可太过夸张，否则会给人造成一定的压迫感。

女性在社交中的手势礼仪

 蹲姿礼仪

在社交场合中，女性也要注意自己的蹲姿是否优美典雅，不可太过失礼。比如在捡拾掉落在地的物品时，应缓慢蹲下，不可速度太快；下蹲时最好与他人保持一定的距离；最好与人侧身相向，而不要背对他人下蹲，这是不礼貌的行为。

穿着裙装时，下蹲要格外注意，避免走光。

社交中，警惕以下不良举止

- 拨弄指甲或频繁地看手机、手表。
- 目光冷漠，皱眉撇嘴。
- 交谈时距离对方太近。
- 双臂交叉，护在胸前。
- 频繁地、不自然地撩头发。
- 不分场合地放声大笑。
- 抖腿。
- 当众描眉画眼、整理妆容。

得体衣装，为形体加分

所谓"人靠衣裳马靠鞍"，女性优雅的形象不仅受到其言行举止的影响，也得益于其得体的装扮。

你知道女性着装需遵循怎样的礼仪原则吗？在你看来，女性在不同场合需怎样去穿衣搭配呢？哪些衣装配饰能有效衬托女性魅力呢？

女性着装礼仪的原则

女性的穿着打扮一定要注重和谐美，既要和年龄、形体相符合，又要和职业性质、周围环境协调一致；另外要注意色彩搭配，可采取上下统一色调的着装方式，也可采取衬托法、呼应法，增加着装亮点。

另外，女性应根据不同的场合去选择合适的服饰穿戴，既能展现自身的优势，遮掩身材上的缺陷，还能彰显出自己的审美和品位。

具体而言，女性着装应符合以下四条原则：

和所处环境、场合相协调。

和自身身份、社会角色一致。

能放大身材优点，遮掩缺点。

根据季节变化挑选款式和颜色。

女性着装礼仪的原则

日常着装，衬托形体美

女性的日常穿搭可能风格不一，比如有的甜美活泼，有的清新自然等，但都讲究舒适、整洁，给人以别样的美感。

在女性日常着装中，一些单品的利用率居高不下，比如各式T恤、牛仔裤、连衣裙等。需要注意的是，女性无论选择哪种服饰单品、哪种风格的着装搭配，最重要的是要符合自己的体型特色，尽量衬托自身的形体美，遮掩身材缺陷。

 ## 职场穿搭，尽显优雅气质

如何彰显女性优雅低调而又有质感的职场穿搭风格？不妨选择合适的西服、衬衫和套裙，尽显你的干练与精致，展现你的迷人气质。

❀ 西服、衬衫的选择

职场女性在西服或衬衫的选择上大有讲究。

首先，西服的选择应注重款式和质感，如此才能调节身材比例，穿出精致感，凸显气场。

其次，衬衫的选择应遵循素洁大方的原则，凸显女性的优雅端庄。

合身

穿着合身的西服，才能突出女性匀称笔挺的身材和饱满的精神状态，穿着过大或过小的西服都显得不伦不类。可检查肩、腰、肘等位置是否过度宽松或紧绷。

色系

黑、蓝、灰色系的西服可凸显稳重干练的职场气质，白色、米色西服可塑造优雅知性的职场女性形象，格纹、撞色类西服则更具时尚感。

女性西服的穿着要点

材质

注意衬衫的材质，真丝衬衫能修饰身材曲线，而用麻纱、涤棉等材料制作的衬衫则比较硬挺显瘦，能遮掩身材的不足。

设计感

纯色系、款式简约、经典耐看的衬衫能恰到好处地修饰身材；印花衬衫、廓形衬衫等略带设计感的衬衫能彰显时尚品位。

女性衬衫的穿着要点

❀ 裙装的选择

与西服、衬衫相配套的套裙从外观上而言，要给人平整、光洁的视觉观感。裙装有 A 字裙、Y 字裙、X 字裙等多种不同的款式，女性应根据自己的形体特点去选择适合自己的裙装。

A 字裙

A 字裙腰部贴身，裙摆宽松，腰部较细、胯部较宽的梨形身材的女性可选择 A 字裙来修饰臀部、腿部的曲线。

X 字裙

X 字裙腰部、臀部修身，下摆如伞状，能很好地修饰下半身的身材曲线，藏肉又显轻盈，同样适合梨形身材的女性。

Y 字裙

Y 字裙大多上宽下窄，裙摆逐渐内收，上身较胖的苹果形身材的女性可选择 Y 字裙来凸显下半身的曲线优势。

女性裙装的穿着要点

特殊场合的穿搭要点

　　着装是一门艺术，得体的着装能展现女性良好的精神面貌和不俗的品位修养。在婚礼、葬礼、宴会、旅游休闲等特殊场合，女性的衣着穿搭除了要遵循不同场合的着装礼仪外，都要以凸显良好的精神状态、修饰形体为宜，避免松垮、邋遢。

 衣装佩饰，衬托女性魅力

　　不同的服装可搭配不同的饰品，更突出地展现女性的形体美、时尚美。衣装配饰分类较多，如发饰、耳饰、颈饰、手饰、胸饰、腰带、皮包等，各种配饰用品要与使用者的年龄、肤色、发型、体型、环境等相协调，才能为形体增色，凸显形体美态。

得体妆容，提升气质

得体的妆容能帮助女性放大五官优势，有效掩盖面部的瑕疵，使得女性整体的气质、形象更加美好。

你对女性日常妆、职业妆、宴会妆有着怎样的了解呢？生活中，你会化哪些妆容？在你看来，应怎样加强审美，提升化妆技巧？

清新自然的日常妆

爱美是女人的天性，美丽的妆容和优美的形体相得益彰，能唤醒女性内心的活力和自信，更能增添、凸显女性的美，彰显其魅力。

女性的日常妆容要在美化五官、扬长避短的基础上遵循自然和协调原则，选择贴合肤质的化妆品，采取合适的化妆技巧，化妆时讲究过渡自然、浓淡相宜，令妆面保持干净协调。一般而言，想要凸显女性的优雅气质，日常妆在风格上应尽量偏向于清新自然，彰显好气色。

底妆：奠定整体妆容风格，轻薄、自然。

唇妆和腮红：根据衣着挑选合适的唇妆；腮红不可扫得过浓，以清淡为宜，给人以自然红润的视觉观感。

眉妆和眼妆：眉妆要有形、均匀；根据自己的肤色、眼部条件去选择眼影色系。

女性日常妆的化妆要点

清爽干练的职业妆

　　清爽干练的职业妆能帮助女性增强自信心，在职场上树立起优雅大方的职业形象。相比日常妆，女性的职业妆应更利落、得体、亲和力强、不喧宾夺主，以展现自己的专业形象为标准。

　　职场妆容的核心诉求在于摆脱懵懂稚嫩的形象，使女性从里到外散发出稳重的气质，给身边人留下可靠、值得信赖的好印象。

底妆：妆前可做好洁肤和润肤，加强底妆的干净清透感。

唇妆和腮红：唇妆和腮红颜色比日常妆的选择范围更小，应选择更淡雅、自然、沉稳的色系。

眉妆和眼妆：可选择稍带棱角的眉形，特别要化好眉尾凸显干练气质；眼妆要着重描绘，眼影晕染自然、眼线自然流畅、睫毛分明，使眼睛明亮有神。

女性职业妆的化妆要点

精致大气的宴会妆

在晚会、宴会等较为高雅的社交场合中，精致大气的宴会妆能充分展现女性优雅的身姿和迷人的风情，体现女性良好的精神面貌。

相比日常妆和职业妆，宴会妆整体上更华丽庄重一点，要与女性自身的穿着打扮相协调，同时与周围的环境相得益彰。

宴会妆较日常妆和职业装而言较浓，因此要做好定妆，化妆时要着重突出面部的立体感，显示女性高雅、妩媚的气质。

底妆：底妆可稍微厚重一点，可选择遮瑕力强的底妆产品。

唇妆和腮红：选择深色唇笔描画唇线，再选用饱和度较高的唇彩、口红去完成唇妆；腮红要与肤色衔接自然，过渡柔和。

眉妆和眼妆：整个眉形线条清晰，眼妆浓淡相宜，富有立体感，给人以惊艳的视觉效果。

女性宴会妆的化妆要点

职业气质培养

气质的培养是一个长期的过程，唯有内外兼修、不断努力，才能塑造女性良好的职业气质，绽放职业女性的独特魅力。

你了解职业气质吗？你认为职场女性的良好气质体现在哪些方面？在你看来，如何做才能提升自己的职业气质？

塑造良好的职业形象

得体的穿着打扮、优雅的言行举止等构成了女性良好的职业形象。而就在女性塑造自身职业形象的过程中，其高雅、干练的职业气质也在潜移默化中形成。具体而言，塑造良好职业形象的方法如下：

- 身着正装，不着奇装异服。
- 妆容得体、优雅。
- 发型清爽大方。
- 谈吐文雅，言之有物，彬彬有礼。
- 待人真诚、和善，遵守规则。

 ## 培养广泛的兴趣爱好

拥有广泛的兴趣爱好的女性大多对美有着强烈的感知力，尤其是运动类的兴趣爱好，能大大提高女性对健康生活及美的追求，使得女性生活变得更丰富多彩、富有生机，也有利于女性优雅气质的形成。

比如，女性闲暇时可多去游泳、爬山或者培养自己对各类运动的兴趣，以健身、燃脂、释放身心，使女性的形体越发健美，精神状态越发饱满。

外练形体，内修涵养

　　女性想要提升气质，可以通过练习舞蹈或进行其他形体礼仪训练来塑造健康的体型，培养优雅的仪态。而在修塑形体的同时，女性也要注重提升内在修养，内外兼修才能孕育真正迷人的风采。

婀娜多姿——形体基础训练

女性形体美在外形，更美在气韵。

一些女性在人群中总是很容易被注意到，她们举手投足如行云流水，让人如沐春风，散发着高贵、典雅、迷人的魅力。

要想塑造婀娜的形体，通过系统的形体训练就可以实现，芭蕾的高贵，中国舞的典雅，都能为你的形体更增添几分韵味。

芭蕾训练

芭蕾舞是一种欧洲古典舞蹈，起源于意大利的宫廷，给人以高贵之感。

你有过欣赏芭蕾舞的经历吗？带给你什么样的感受？你知道芭蕾的基本手位动作和脚位动作有哪些特点吗？

女性学练芭蕾舞的基本舞蹈动作对形体塑造大有益处，可帮助学练者塑造三长一小（手长、腿长、脖子长、脸小）的形体特点，展现与众不同的高贵气质，提升体态美感。

认识芭蕾手位与脚位

在专业的芭蕾舞训练中，手位与脚位练习是重要的舞蹈动作基础训练，使舞者通过学练优美的舞蹈动作造型奠定四肢形态基础。

对于女性来说，芭蕾手位与脚位学练有延伸手臂、拉伸腿部以及提升身体静态姿势气质的作用。

✿ 芭蕾手位

芭蕾手位，即芭蕾舞中手部的基本动作，正式的芭蕾手位有两个派别：却革底派（意大利派）、瓦卡诺娃派（俄国派），二者在动作上有所区别。以塑造形体为主的女性可以尝试连贯练习以下七个手位动作。

一位手　　　　二位手　　　　三位手　　　　四位手

五位手　　　　　　六位手　　　　　　七位手

芭蕾手位

❀ 芭蕾脚位

芭蕾脚位，即芭蕾舞中脚部的基本动作。具体如下：

一位脚：双腿直膝并拢、夹紧，脚跟相对，脚尖外开。

二位脚：在一位脚的基础上，右脚向侧平移一只脚的距离。

三位脚：在二位脚的基础上，右脚撤回，两脚跟重叠。

四位脚：在三位脚的基础上，两脚脚跟与脚尖重叠。

五位脚：在四位脚的基础上，两脚紧贴。

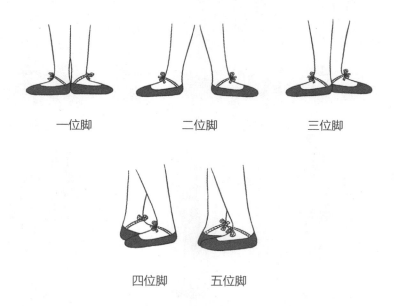

一位脚　　　　　　二位脚　　　　　　三位脚

四位脚　　　　五位脚

芭蕾脚位

 **芭蕾擦地训练**

芭蕾擦地训练是芭蕾动态舞蹈姿态的训练，能提升女性身体动态

姿势的优雅气质。具体训练动作及方法如下：

❀ 前擦地

准备姿势：侧对把杆，一手扶把，一位脚。

动作方法：脚尖带动，经脚掌向前擦出，绷脚前点地；还原时，仍用脚尖带动擦地收回至准备姿势。

前擦地

❀ 旁擦地

准备姿势：侧对把杆，一手扶把，一位脚。

动作方法：脚尖带动，经脚掌向旁擦出，绷脚旁点地；还原时，脚跟带动收回至准备姿势。

❀ 后擦地

准备姿势：侧对把杆，一手扶把，一位脚。

动作方法：脚尖带动，经脚掌向后擦出，绷脚后点地；还原时，仍用脚尖带动擦地收回至准备姿势。

把杆训练

　　把杆训练是芭蕾舞基础练习，适合初学者，也可作为形体训练的内容来改善形体、提升气质。

　　你是否有过想改善形体但不知从何入手的困扰呢？在形体改善初期你是从哪些动作开始做起的呢？

把杆训练，简单来理解就是在把杆辅助的情况下完成各种训练动作，它可以让你从安全、基础的动作开始，同时你还可以结合自己的需求自主尝试更多对塑造形体有益的动作。

把杆腰部训练，美化腰线

侧对把杆，临近把杆的手扶杆，通过腰部主动做不同方向的屈的动作来拉伸腰部肌肉和韧带，提高腰部柔韧性的同时美化腰线。

把杆腰部训练常见动作主要有前屈腰、旁屈腰、后屈腰。

把杆前屈腰：侧对把杆，单手扶把，自然站立，双腿夹紧，上体正直；向前屈腰，不扶把杆的手抱腿，额头尽量贴小腿。

把杆旁屈腰：侧对把杆，单手扶把，两脚开立，上体正直；向侧屈腰，不扶把杆的手上举，随屈腰倒向侧方。

把杆后屈腰：侧对把杆，单手扶把，两脚前后站立，或单脚支撑，上体正直；向后屈腰，不扶把杆的手随躯干先后伸展。

把杆腰部训练动作及方法

把杆后屈腰

 把杆腿部训练，优化腿部线条

进行把杆腿部训练时，往往需要单脚支撑，对于稳定性较差或者担心重心不稳摔倒的女性来说，把杆不仅是压腿的辅助器具，还能提供很好的身体支撑。

❀ 压腿训练

把杆压腿具体包括向前、旁、后三个方向的压腿，有利于拉伸女性腿部的肌肉和韧带，让腿更加修长。

把杆前压腿：正对或斜对把杆，单手扶把，一脚支撑，另一只脚放在把杆上，两脚尖方向一致；上体反复向前下压。

把杆旁压腿：侧对把杆，单手扶把，一脚支撑，另一只脚放在把杆上，两脚尖及腿呈垂直方向；上体反复压向把杆上的腿。

把杆后压腿：背对把杆，单手扶把，一脚支撑，另一只腿后抬，脚放在把杆上；上体反复向后屈，振压置于把杆上的腿。

把杆压腿训练动作及方法

把杆压腿时，不要用力过猛，注意循序渐进、动作轻缓，当把杆压腿毫无压力后，再结合自己的实际情况尝试更高难度的压腿动作或开展地面压腿练习。

把杆前压腿

把杆竖叉

地面竖压腿

🌸 踢腿训练

　　把杆踢腿是一个动态的形体训练动作，动作幅度大，能更好地提高学练者腿部的柔韧性及爆发力，比把杆压腿对双腿线条的塑造效果要好。

　　把杆踢腿同样有三个基本动作，即前踢腿、旁踢腿、后踢腿。

把杆前踢腿：侧对把杆，单手扶把，一脚支撑；非支撑腿反复向前上方踢起。

把杆旁踢腿：侧对把杆，单手扶把，一脚支撑；非支撑腿反复向正侧方踢起。

把杆后踢腿：侧对把杆，单手扶把，一脚支撑；非支撑腿反复向后上方踢起。

把杆踢腿训练动作及方法

把杆前踢腿

如果腿部和腰部的柔韧性较好，可以尝试向后上直踢腿（倒踢紫金冠），这是一个非常优美的舞蹈动作，也是检验学练者身体软开度的一个技巧动作，当然，没有十足的把握不要轻易尝试这个动作，以免造成运动损伤。

把杆后上直踢腿

控腿训练

把杆控腿训练主要是通过让腿部固定在某一个位置，保持静态动作不动，来提高腿部的控制能力。在控腿的过程中，腿部肌肉保持紧张，能很好地改善肌肉耐力、消耗腿部脂肪。

常见且易学练的把杆控腿训练动作主要有以下三个：

● 双脚脚尖点地站立控腿：可以很好地消耗小腿多余的脂肪。

● 单脚脚尖支撑斜后控腿：能在消耗腿部脂肪的基础上结合手臂、躯干姿势一起练习，以塑造优美的身体姿态。

● 单脚脚尖支撑屈腿后控腿：有助于消耗整个腿部的脂肪，对消除大腿内侧赘肉尤其有帮助，可令整个腿部线条更优美流畅。

把杆双脚脚尖点地站立控腿　　　　　把杆单脚脚尖支撑斜后控腿

把杆单脚脚尖支撑屈腿后控腿

中国舞身韵训练

中国舞典雅、温婉而不失大气，以情带舞，极具民族特点和魅力，非常适合我国女性学练。

你能大致描述一下对中国舞的印象吗？有没有哪些舞蹈动作或身姿特别触动你？能说一说中国舞美在哪些方面吗？

中国舞有很多分类，其中中国古典舞中的神韵训练对塑造女性优雅形体有显著的效果。

学练以下几种具有代表性的身韵动作，能让女性的形体更加灵活、有气质。学练过程中，注意感受形体的空间造型与情感表达。

 提、沉

提、沉是身体的上下运动，是中国古典舞中舞者有意识地控制身体运动的代表性身韵动作。在完成提、沉的过程中，配合呼吸练习，使身体呈现延长或弯曲状态。

提
吸气，上提气息。 以吸入气息带动身体脊柱节节上提。 躯干伸展、延伸、拉长。

沉
呼气，气息下沉。 以呼出气息引导身体脊柱节节放松。 躯干弯曲，俯头、松肩。

提、沉的学练方法

　　有时在舞蹈过程中，舞者需要完成先沉后提的动作，即旁提。

　　旁提是沉与提两种动作的结合，身体经过逐步放松、逐步伸展之后，多以弯月形状结束，随着身体的延伸、拉长，眼神也要有延伸感。

提，有向上伸展感

旁提，用力伸展、释放身体

 含、腆

含、腆是身体里合、外开的前后律动。常见舞蹈动作有含胸、展胸，即通过胸部、背部肌肉力量完成形态塑造。

含
胸、背发力。 双肩里合、胸腔收缩，空胸低头。 腰椎成弓形，不弯腰。

腆
胸、背发力。 双肩后掰，胸部前探，头稍后仰。 肩胸尽量舒展。

含、腆的学练方法

 移、拧

移，是肩、腰的左右水平方向的动势动作，给人一种横向延伸感。拧，是腰部的一种回旋运动。通过移、拧的身韵学练，能提高学

练者的形体表现力和控制力。

移

> 腰部发力。
>
> 以肩引领身体做横向的水平运动。
>
> 头与躯体动作方向相反。

拧

> 腰部发力。
>
> 以腰椎为垂直轴做腰回旋运动。
>
> 腰、肋、肩、颈、头始终在一条水平线上。

移、拧的学练方法

移，向某个方向移动、延伸

协调性训练

身体协调性好的人，总是能很好地展示自己的形体，反之，协调性不好的人，在做某些动作时形体会缺乏美感，甚至容易失去平衡而摔倒。

你认为自己的身体协调性如何？你又是如何得出协调性好或不好的结论的呢？你尝试过哪些方法提高自己的身体协调性呢？效果如何？

有很多女性有过在跳操、跳舞时不能很好地控制自己身体的情况，这种情况的出现往往是因为身体的协调性不好。

协调性对形体美有重要的影响，其原因在于，良好的协调性不仅能帮助你准确、有效地完成各种健身、健美动作，而且还能让你的动作流畅、优美。

因此，对于女性来说，要想拥有良好的形体，协调性的训练必不可少。协调性训练方法有很多，以下几种方法简便易操作，可参照练习。

 ## 协调性基础训练

🌸 开合跳 + 转头

准备姿势：并脚，直膝，双腿直立，双臂自然置于体侧。

动作方法：直腿跳起，双腿左右分开落地，脚间距约同肩宽；起跳同时，双手叉腰，右转头；落下，双脚并脚落地，还原至准备姿势，再开跳、叉腰、向左转头。开合跳、左右转头，反复练习。

开合跳 + 转头

🌸 屈腰＋直臂触脚

　　准备姿势：两脚开立，直膝，上身挺直，两臂侧平举。

　　动作方法：屈腰，上身前俯，上体稍扭转，左臂垂直上举，右臂向下斜指、右手触左脚腕；还原至准备姿势，再次屈腰，转腰，左手触右脚腕。直立、屈腰、左右触脚，反复练习。

屈腰＋直臂触脚

🌸 弓箭步跳＋转身

　　准备姿势：双脚并拢直立，手臂自然置于体侧。

　　动作方法：起跳，弓箭步落地，前腿屈膝、大腿约与地面平行，后腿伸直；起跳落地的同时，右转腰，手臂随摆；还原至准备姿势，再次弓步跳、向左转腰。直立、弓步跳、左右转腰，反复练习。

弓箭步跳＋转身

❀ 屈膝蹲臂平举＋背后击掌

准备姿势：双脚并拢直立，手臂自然置于体侧。

动作方法：第一次屈膝，上体不动，手臂直平举；直立还原至准备姿势；第二次屈膝，上体稍前倾，双臂背后击掌；直立还原至准备姿势。直立、屈膝、手臂平举、背后击掌，反复练习。

屈膝蹲臂平举＋背后击掌

❀ 跑的组合训练

准备姿势：双脚并拢直立，手臂自然置于体侧。

动作方法：原地快频率跑，小步跑＋高抬腿跑＋后踢腿跑＋左右侧交叉步跑，每种跑姿各跑1分钟为一组，跑3～5组。组间可休息约30秒。

小步跑

 协调性踏板训练

 踏板十字步

准备姿势：站在踏板后，自然站立，双臂自然置于体侧。

动作方法：先单脚踏上踏板，另一脚紧跟上踏板；向踏板右侧下踏板，再上踏板；向踏板左侧下踏板，再上踏板；向踏板前方下踏板，再上踏板；向踏板后方下踏板，再上踏板。上下踏板过程中，双臂随摆。以踏板为中心，沿踏板十字方向反复上下踏板。

踏板十字步

❀ 踏板吸腿摆臂

准备姿势：站在踏板后，自然站立，双臂自然置于体侧。

动作方法：第一次上踏板，左脚上踏板，右腿提膝吸腿，大腿与地面水平，右臂平举，左臂屈肘平举；下踏板还原成准备姿势；第二次上踏板，右脚上踏板，左腿提膝吸腿，大腿与地面水平，左臂平举，右臂屈肘平举；下踏板还原成准备姿势。如此反复练习。

踏板吸腿摆臂

❀ 踏板负重摆腿

准备姿势：站在踏板后，自然站立，双手握较轻的哑铃，双臂自然置于体侧。

动作方法：第一次上踏板，左脚上踏板，右腿侧摆，右臂自然下垂，左臂屈肘上

踏板负重摆腿

举；下踏板还原成准备姿势；第二次上踏板，右脚上踏板，左腿侧摆，左臂自然下垂，右臂屈肘上举；下踏板还原成准备姿势。如此反复练习。

自由灵活开展协调性训练

协调性训练可以徒手开展、原地开展，也可以结合器具、场地自由灵活地开展。

以前文的协调性踏板训练为例，如果身边没有踏板，可用瑜伽砖、圈环、地板砖，甚至在地面固定一张纸、在地面画一个大于脚的小区域，就能开展类似的协调性练习。

协调性练习方法丰富多彩，除了文中列举的训练方法，还有很多结合不同项目的专项练习也有助于提高身体的协调性，如一组舞蹈动作、一套健美操、一段体育舞蹈步法练习等。

仪静体闲——形体局部塑造

女性形体之美，环肥燕瘦各有不同。

每一个女性都想拥有完美的形体，虽然很难，但并不是没有可能，通过有针对性的局部训练，能有效改善形体，让你仪静休闲。

科学的形体局部塑造，为你量身打造天鹅颈、直角肩、纤细手臂、丰满胸臀、修长美腿等优美体态，让你身材比例匀称、气质出众、仪态万方。

练出天鹅颈

　　天鹅颈是指像天鹅一样纤细修长的颈部。天鹅颈能为女性优雅的形体增添高贵气质。

　　很多女性在颈部方面存在诸多困扰，如颈短、颈粗、颈纹深等，你有这些困扰吗？是如何处理的呢？

纤细修长、光滑紧致的颈部是女性优雅形体的重要局部特征，符合当前女性的普遍审美。

优美颈部塑造不仅能美化颈部皮肤和线条，也有助于促进颈部血液循环、改善颈部肌肉松弛的情况，预防颈部损伤或疾病的发生。

通过以下颈部动作的科学训练，有助于塑造优美的颈部。

 ## 颈屈

颈部做不同方向的屈的动作，可以有效活动颈部肌肉，减少颈部脂肪堆积，令颈部皮肤更加紧致，还有减少双下巴的作用。

颈部前、后屈

颈部主动前、后屈：坐姿或站姿均可，仰头，颈部后屈；低头，颈部前屈。

颈部被动前、后屈：坐姿或站姿均可，双手头后交叉，向前用力按头使颈部前屈，颈部用力对抗向后发力抵抗使颈部后屈。

颈部左、右屈

颈部主动左、右屈：坐姿或站姿均可，上体正直，头向右侧或左侧倾斜，感到颈部另一侧有拉伸感。

颈部被动左、右屈：坐姿或站姿均可，上体正直，左手从头上绕从对侧抱头，向左拉，颈部用力对抗向右发力抵抗。左右交替练习。

 绕颈

颈部以颈椎为轴，做左—后—右—前或前—右—后—左方向的环绕运动。

颈部做环绕运动过程中，保持上体、肩部不动，环绕幅度尽量大，使颈部肌肉有拉伸感。

打造直角肩

很多女性认为，直角肩是"美人肩"，能凸现高贵的气质，让整个人看起来更加优雅大方。

你认为自己的肩部形态是否良好呢？通过哪些方法可以美化肩部线条呢？

本书所说的直角肩，绝非 90° 肩形，而是指肩部形态趋于直角，有正常自然的肩颈生理弧度，无赘肉、不肥厚的形体状态。

通过以下方法可以塑造优美的肩部线条。

 ## 拉肩

左右拉肩：两脚开立，上体正直。左臂向右平举，右臂屈肘上举夹紧左臂；右臂用力牵拉左臂，使左臂贴近身体。拉肩过程中保持双肩下沉，避免耸肩。左右两侧交替练习。

向上拉肩：两脚开立，上体正直，双臂直臂上举，双手手心向上，交叉握手；双脚保持平稳不动，双臂用力上拉肩部。反复练习。也可双臂头后屈肘做对抗向上拉肩练习。

向右拉肩

转肩

　　自然站立，双臂伸直，双手握毛巾（也可用其他具有一定长度的物品代替），两手间的距离略宽于肩；上体正直，向左转肩至最大限度，两手间的距离始终保持不变；停留数秒后还原至开始姿势。左右两侧交替练习。

向上拉肩　　　　　　　　　　　　转肩

塑造肩部的同时，警惕肩胛骨下回旋综合征

正常体态下，人体的肩部并非一字水平的，肩部与手臂转角也并非90°，而是有一个自然的弧度。

一些女性执着于让肩部呈现绝对的90°直角，塑造形体的同时，在穿衣、拍照时会故意让肩胛骨收缩、下沉来凹造型，长期如此肩胛骨会脱离正常体态位置，在医学上称为肩胛骨下回旋综合征。

我们追求直角肩，旨在"消除肩颈处的赘肉，让肩颈部线条更加流畅自然"，也就是说，文中的直角肩训练实际上是对"肩部肌肉的塑造"，而非"让肩关节移位"，因此，大可不必陷入形体的极端审美，避免破坏肩关节的静态稳定性导致肩关节变形。

消除"拜拜肉"

"拜拜肉"是大臂下方的肌肉,当手臂挥动做"拜拜"的动作时,它们就会晃动不停,因此得名。

你知道"拜拜肉"是如何堆积形成的吗?什么样的人更容易产生"拜拜肉"呢?你自己有没有手臂粗壮的烦恼?又是如何应对的呢?

很多女性认为，手臂的"拜拜肉"是赘肉，因此只有手臂粗壮的人才会有"拜拜肉"，其实不然，有些身形瘦弱的女性也会因为手臂肌肉松弛而出现"拜拜肉"。

"拜拜肉"主要集中在大臂下方，长期热量摄入太多、运动不足是导致"拜拜肉"产生的主要原因。"拜拜肉"一般不会单独出现，有"拜拜肉"的人往往也存在肩部厚实的困扰。因此，要想消除"拜拜肉"，不仅要锻炼手臂，还要同时锻炼肩背。

 ## 哑铃侧平举

以两脚开立，双手握轻重量哑铃自然置于体侧，上体、肩颈、头部自然正直为准备姿势。

单手交替哑铃侧平举：右手握哑铃斜上举，至手臂与肩部水平，举臂过程中，手臂始终保持伸直状态。左右手臂交替侧平举。

双手同时哑铃侧平举：双手同时握哑铃斜上举，至双臂与肩部位置等高、双臂与地面平行。还原至准备姿势，反复练习。

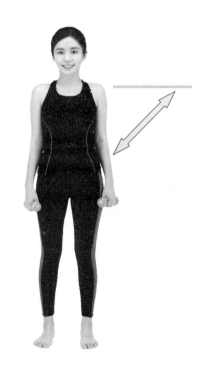

哑铃侧平举

哑铃屈肘举

准备姿势同哑铃侧平举的准备姿势。

单手交替哑铃屈肘举：右手握哑铃，屈肘，将哑铃举至与肩同高。双手交替屈肘将哑铃举起。

双手同时哑铃屈肘举：双手同时屈肘将哑铃举起至与肩同高。停留数秒后还原至准备姿势，反复练习。

单手交替哑铃屈肘举　　　　　　双手同时哑铃屈肘举

 哑铃上举

　　坐姿准备，双手持握哑铃，双臂先侧平举，再屈肘使小臂与大臂成直角，小臂与地面垂直向上；双臂同时上举，哑铃高举过头顶，双臂保持伸直且与地面垂直。还原至准备姿势，反复练习。

哑铃上举

美背、塑胸

　　挺拔、紧实的背部和圆润、饱满的胸部让女性拥有匀称、苗条的形体曲线美，穿衣有型，更有自信。

　　你认为美的背部和胸部应该是怎样的呢？应该如何塑造呢？

如果想要改善背部、胸部线条，可以尝试以下常见形体塑造方法，学练时应结合自己身体实际情况进行练习，不要勉强，避免用力过度导致肌肉或韧带损伤。

 ## 拱背成桥

跪姿，双膝、双手支撑，双手间距约同肩宽；腰背用力下陷至最大限度，身体呈"凹"字，腰背再用力拱起成桥，身体呈"凸"字，反复练习。

拱背成桥

扩胸展背

坐姿扩胸展背：双臂屈肘侧上举，双手先胸前击掌，再向后平移，拉伸胸部侧面肌肉，背部肌肉保持紧张。反复练习。

跪姿扩胸展背：俯卧，双膝、双手撑地，手下可垫一定高度的物品；右臂向身体斜后方直臂上举至最大限度，拉伸胸部肌肉、扩展背部数秒后，还原至开始姿势；换左手臂做同样的动作，只是方向相反。左右两侧反复练习。

坐姿扩胸展背

跪姿扩胸展背

展胸、含胸

坐姿或站姿，双肩打开、下沉。双臂自然置于体侧；挺胸，使胸廓扩张、双肩外展；含胸，胸廓内收，双肩内合。反复练习。

展胸、含胸

左、右移胸

站姿或坐姿，双臂侧平举，腰部和双腿不动，头、肩保持正直，胸部先后向左、右移动，反复练习。

俯卧撑

俯卧姿势，双脚、双手撑地，双臂伸直，双手间距约同肩宽；身体与头保持在一条直线上，双臂屈肘，降低身体重心，再直臂支撑，还原至开始姿势，反复练习。

俯卧撑可有多种变换形式，如跪地俯卧撑、单手俯卧撑、窄姿（双手间距小于肩宽）俯卧撑、宽姿（双手间距大于肩宽）俯卧撑、俯卧撑击掌等。可以结合自己的实际情况进行练习。

瘦腿、提臀

拥有修长的美腿是每一位爱美的女性的梦想。女性在形体塑造中，腿部是不可忽视的部位，臀部亦如此。

腿部和臀部的局部锻炼对女性来说益处颇多，如能促进青少年女性的腿部骨骼发育，促进身高增长；有助于女性美化腿部和臀部线条。你能说一说还有其他哪些好处吗？

女性腿部和臀部的形体局部塑造可以结合起来开展训练，这里重点展示以下几种方便易操作的动作与方法：

 ## 踏高

准备一个凳子（或高度适宜的跳箱、台阶等），身体正对凳子，自然站立。

上体保持挺直状态，左腿屈膝、吸腿上提，左脚踏上凳子，左腿直膝；右腿紧跟，随后踏回至地面；双臂随摆。左右脚交替练习。

踏高

 深蹲

基础深蹲：双脚开立，上体正直，双臂自然置于体侧或向前伸臂；上体保持正直，屈膝下蹲至大腿与地面水平，膝盖垂直于地面的投影尽量不超过脚，臀部下沉；保持数秒后还原。反复练习。

弓步深蹲：双腿并拢站立，双手叉腰，身体正直做准备姿势；上体不动，左脚向前迈一大步，屈膝，下蹲，大腿约与地面水平，成左弓步；保持数秒后还原至准备姿势，再迈右脚成右弓步。左右交替练习。

后抬腿深蹲：弓步姿势，只是后腿抬高置于凳子（也可以用其他有一定高度的物品代替）上，双手叉腰，上体正直；上体不动，身体垂直下压做深蹲动作，牵拉大腿和臀部肌肉。反复练习。

基础深蹲

弓步深蹲

后抬腿深蹲

 侧卧屈腿

　　侧卧 BOSU 半圆平衡球上，双腿伸直做准备姿势；靠近地面的腿保持直膝不动，上侧的腿屈膝，使腿向上体的方向屈，再还原贴拢靠近地面的腿。左右两侧交替练习。

　　在练习腿部的同时，可以加上手臂屈、伸动作，可以起到手臂与腿部同时锻炼的效果。

侧卧屈腿

侧卧控腿

　　侧卧在地面上，双腿伸直并拢、贴近地面；双腿在保持直膝的状态下用力向上方抬起，尽量远离地面。双腿在空中坚持数秒后还原至开始姿势。反复练习。

侧卧抬腿

 仰卧摆腿

　　仰卧在地面上，双手自然置于身体两侧；双腿伸直、并拢、在空中举起，约与上身呈 90° 夹角，左右摆动双腿。摆腿过程中始终保持双腿并拢、膝盖伸直。

仰卧摆腿

 剪刀腿

　　仰卧在地面上，双手自然置于身体两侧；双腿在空中直膝举起，连续分开、交叉摆动双腿，呈剪刀形状。双腿交叉摆动过程中应尽量保持直膝状态。

剪刀腿

腰腹燃脂

杨柳细腰、平坦的腹部怎能不令女性心生欢喜呢！

腰腹脂肪堆积过多会让整个人看起来比较笨重，不仅会破坏形体美，还会给身体健康造成危害。

在消除腰腹赘肉方面你有什么比较好的建议吗？

通过有针对性的腰腹燃脂训练，可以有效减少腰腹赘肉，令整个人看起来灵动、轻盈，这里重点推荐以下几种有效动作与方法：

 转腰

站立转腰：体侧固定一条拉力带，两脚前后开立，双手持握拉力带的一端；向远离拉力带的方向转腰，这个动作能很好地燃烧腰腹和手臂多余脂肪，也可以将弹力带直接系在腰部做转腰动作。

站立转腰

坐位转腰：坐在地面上，双腿屈膝，脚跟轻点地支撑；后背挺直，双肩放松，双手自然置于体侧；腰腹发力，左右转动，双手随转体左右摆动。

坐位转腰

 仰卧起坐

仰卧姿势，双手抱头，双腿伸直并拢或屈膝分开。双脚贴紧地面或脚跟轻点地支撑；腰腹发力，使上身抬起、远离地面，使胸部向双膝靠拢。反复起坐。

仰卧起坐

 屈腿卷腹

坐在 BOSU 半圆平衡球上，双腿屈膝，上体呈倾斜姿势，双臂置于体侧保持紧张；腰腹发力，使上身抬起、胸部向膝盖靠拢后还原。反复练习。

屈腿卷腹

 仰卧成桥

　　仰卧在地板上，双腿分开，脚间距约同肩宽，双臂自然置于体侧；腰腹发力，使躯干向上抬起、远离地面，尽量保持姿势时间长一些，还原至开始姿势。反复练习。

仰卧成桥

 平板支撑

　　俯卧在地上，双肘、双脚尖支撑，双腿伸直，躯干与头保持在同一水平线上，坚持尽量长的时间，还原至开始姿势。反复练习。

平板支撑

拉伸

形体训练后的拉伸有助于让肌肉放松，能缓解运动后肌肉的疲劳、酸痛感，还有助于预防运动损伤。当你终于坚持到运动结束时，千万不要马上急着坐下或躺下休息，一定要做拉伸。

你知道哪些拉伸动作呢？这些拉伸动作有什么好处呢？

拉伸可以帮助女性缓解形体训练疲劳，还可以促进女性的生长发育，也有助于增强身体的柔韧性、美化身体线条，还能有效促进血液循环，让女性气血顺畅、精神焕发。

当做完不同身体部位的塑造练习后，应有针对性地对练习部位进行拉伸，一定不要忽视拉伸。以下简单介绍几种针对不同部位进行拉伸的动作与方法。

 肩背拉伸

方法一：自然站立，双手背后交叉，向后延伸手臂，拉伸肩背。

方法二：自然站立，双手背后握毛巾的两端，毛巾拉直，与地面垂直，两手沿毛巾移动尝试逐步靠近。

 腿部拉伸

方法一：自然站立，上体正直，一条腿屈膝、吸腿、脚尖下指，双手抱抬高的腿的小腿外侧，用力将抬高的腿拉近身体。

方法二：自然站立，上体正直，一条腿屈膝、后踢、脚尖向上，大小腿折叠；双手背后抓握后屈腿的脚，用力将抬高的腿拉近身体。

腿部拉伸

 **腰部拉伸**

　　方法一：双腿开立，上体正直，一手叉腰，另一手斜上举，手臂贴近头部；双腿、双脚不动，向叉腰的一侧尽可能地倾斜上体，拉伸对侧腰部肌肉。

　　方法二：双腿并脚站立，上体前俯；双手指尖触脚尖，再尝试向更远处接触地面或尝试额头贴近腿部；注意始终保持双腿直膝状态。

除了上述方法，拉伸的方法还有很多，可以结合自己的喜好和形体训练部位进行有针对性的拉伸，拉伸程度和时间应量力而行，时刻谨记运动安全。

腰部拉伸

尽态极妍——形体缺陷矫正

由于久坐、缺乏运动等不良习惯的影响，一些女性会出现高低肩、驼背等问题，这些问题就是形体缺陷。

形体缺陷不仅会影响外在形象，严重的还可能会损害身体健康。所以，要重视形体缺陷，并想办法予以矫正。

通过一系列的科学运动方法可以矫正或改善部分形体缺陷，进而塑造健康、优雅的形体。

头颈前伸矫正

头颈前伸是常见的形体缺陷，主要表现为脖子前倾。自然站立时，如果耳垂垂直向下的延伸线落在肩膀的前方，就是头颈前伸。

你知道头颈前伸是如何造成的吗？出现头颈前伸后又该如何矫正呢？

　　头颈前伸也被称作探颈，大多是由于长时间低头且坐姿不端引起的，如办公或学习时弯腰驼背、经常低头玩手机、睡觉时枕头过高等。

　　头颈前伸如果不及时改善，可能会长出双下巴、增加颈纹。严重的还可能会造成颈部肌肉的劳损，引发颈椎疾病。所以，如果出现了头颈前伸的状况，要及时矫正，不然一旦引起颈椎病就很难单纯依靠调整体态来解决问题了。

　　想要矫正头颈前伸可以做一些放松颈部的运动，如靠墙站立，使头、后脑勺、肩胛骨、臀部紧贴墙面，这样可以使颈部保持直立，有效改善头颈前伸的状况。

　　如果条件有限，也可以在休息时做左右摇头、歪头、上下低头、抬头的动作。每个动作不要太快，做到最大角度，保持 3 秒左右再回正。

溜肩、高低肩矫正

溜肩和高低肩都是由于长期的不良习惯造成的肩颈问题，不仅会影响肩颈线条的美观，还可能造成肩颈肌肉或骨骼的损伤，是必须矫正的肩颈问题。

你对溜肩或高低肩有怎样的了解呢？你知道应当如何矫正溜肩和高低肩吗？

良好的肩颈姿态可以彰显出充满活力、积极向上的精神状态，体现出个人体态的优雅得体。溜肩和高低肩是较为普遍的肩颈问题，会影响到个人体态和身体健康。

 ## 溜肩的矫正

溜肩也称为斜肩，是肩斜度过大的表现。长期伏案工作、坐姿不端等都可能导致溜肩。

溜肩是因为锁骨和肩胛骨周围的肌肉群不发达，从而导致锁骨和肩胛骨远端下垂。因此，想要改善溜肩的状态，需要先将肩胛骨拉回正确位置，这样才能改善斜方肌过大的问题，从而矫正溜肩。

以下是一些基础的溜肩矫正动作，这些动作难度较低，是可以在日常生活中做的动作，坚持做，对于改善溜肩有一定的帮助。

❀ 肩背振压

跪坐，双臂伸展，弯腰，使手心紧贴地面；慢慢低头，使额头轻触地面，手臂伸直，稍用力向下振压肩膀。

🌸 背后拉肩

坐姿，将双手绕到背后，轻轻扣住，保持拉伸的姿势 1～2 分钟，之后交换左右手位置。

 ## 高低肩的矫正

高低肩表现为两肩水平高度不同。想要准确判断是否出现了高低肩，需要到医院进行检测，查看是否出现了脊柱侧弯的情况。

高低肩是由于长期的不良习惯导致的，如长期单肩背包，长期用一侧肩膀扛重物，长期朝一侧倾斜着坐等。

轻微的高低肩可以通过适当的肩部运动进行矫正。如果高低肩的情况较为严重，就需要到医院做检查，之后在医生的指导下进行矫正。

以下是针对高低肩的常见矫正动作练习：

🌸 提肩

盘腿坐好，双手自然垂落在大腿上；吸气，向后、向上旋肩膀；呼气，向前、向下放松肩膀。

❀ 屈肘肩绕环

　　双脚开立，双脚间距与肩同宽，身体正直；屈肘，双手分别放在两肩上，大臂约与肩膀平行，以肩关节为轴，转动肩膀，感受肩部肌肉和关节的伸展。

屈肘肩绕环

驼背矫正

驼背是较为严重的体态问题，不仅会使体态变差，影响人的外在气质，使整个人看起来没精神，还可能引发脊柱侧弯，影响身体健康。

你了解驼背的原因吗？你知道应该怎样做才能矫正驼背这种不良体态吗？

驼背是脊柱异常向后突出的表现。驼背的原因主要有两个，一是体内缺乏维生素 D，导致骨质疏松，进而造成驼背。二是长期弯腰、弓背，这样会造成脊柱损伤，时间久了就可能会导致驼背。

轻微的驼背可以通过健身来矫正，以下是一些有效的矫正方式：

 转体俯卧撑

俯卧在地，以双膝和双手支撑地面，保持背部的挺直；用左手支撑地面，伸右臂，向斜上方伸展；侧转身体，使右手手指与右肩处于同一水平线上，双眼望向右手指尖；将右臂慢慢收回，伸展左臂；每组动作重复 10 次左右。

转体俯卧撑

 **仰卧两头起**

　　仰卧于地面，双臂和双腿同时向上抬起，向中间靠拢；双手与双腿保持伸展状态，双手伸至双腿中间，感受背部的伸展；慢慢躺平，继续下一组动作，每组动作做 20 次左右。

仰卧两头起

如何预防驼背？

驼背大多是长期的不良习惯导致的，长时间弯腰、学习或办公时一直弓背、看手机头过低等都可能是引发驼背的原因。所以，想要预防驼背就要从改善生活习惯开始。

● 挺胸直腰。无论是学习还是工作，都需要长时间地低头，这是无法避免的，但在低头的时候要保持腰背挺直。可以将座椅调整到适合的高度，使肩颈处于舒适的状态。在使用电脑时，尽量将电脑抬高，使自己可以平视电脑，这样就可以避免长时间低头弯腰了。

● 避免久坐。久坐会使背部和肩颈的肌肉长期处于同一状态，时间长了就可能会损伤脊柱，造成驼背，所以要尽量避免久坐。尽量在保持坐姿1～2小时后，站起来活动一下。

● 坚持锻炼。如果无法避免弯腰或久坐，那么在结束了一天的学习或工作之后，一定要做锻炼。简单的伸展动作就可以拉伸背部肌肉，避免肌肉僵硬引发驼背。

不良腿型矫正

　　不良腿型是相对于正常腿型而言的，正常腿型在站立时脚趾朝前，双膝可以并拢，双腿保持直立，不良腿型则难以做到以上几点。

　　你知道不良腿型主要有哪些吗？这些不良腿型又该如何矫正呢？

　　O 形腿和 X 形腿是常见的不良腿型。这两种腿型大多是由于不良生活习惯和部分疾病造成的。长期保持这样的腿型会对膝关节造成损伤，因此，在发现自己是不良腿型后，应当尽快进行矫正。

 ## O形腿矫正

　　O 形腿在医学上被称为"膝内翻"，O 形腿的表现为：站立时，两膝不能靠拢，两腿间呈 O 形。

　　对于轻微的 O 形腿，可以用一些运动进行矫正。

❀ 侧卧内侧抬腿

　　朝左侧卧在平地上，左侧手肘支撑身体，右手臂自然垂放在身前；双腿交叉，左腿放于下方，右腿弯曲放于左腿上方；左腿做抬起动作，抬高至右膝处，慢慢放下；转身朝右侧卧，右腿重复左腿动作。

❀ 俯撑向后抬腿

　　先俯卧，双手、双膝支撑起身体，脚尖贴地；抬起左腿，与腰平行，腰部保持挺立，微微抬头，将左腿慢慢放回，换右腿。两腿交替练习。

侧卧内侧抬腿

俯撑向后抬腿

X形腿矫正

X形腿在医学上被称为"膝外翻"。X形腿的主要表现是，站立时，两膝并拢，两脚无法并拢，两腿间呈X形。X形腿的诱发原因有很多，大多是由于遗传或佝偻病导致的，也有一部分是由于不良习惯造成的。

以下两个动作能够有效拉伸腿部肌肉，改善X形腿的状况。

✿ 侧压腿

盘腿坐好，将左腿伸向左侧，双臂自然放置于左腿上，拉伸左腿，持续1分钟左右；之后将左腿收回，恢复盘腿的姿势；将右腿伸

侧压腿

向右侧，拉伸右腿。

🌸 侧卧举腿

侧卧于地面，手肘支撑上半身；抬右腿，尽量使右腿垂直于地面直膝举起，动作保持 1 分钟左右，慢慢将腿放下；左右腿交替练习。

侧卧举腿

不良脚型矫正

不良脚型往往受到不良腿型的影响，长期的不良姿态会导致脚型的改变，有时脚型也会受到不良腿型的影响而逐渐变形，也有少数不良脚型是先天疾病造成的。

扁平足是不良脚型中较为普遍的一种，你了解扁平足吗？

扁平足是足部畸形的表现，足弓低平或塌陷，走路时会伴有疼痛感。先天的扁平足多在儿童时期形成，可通过治疗有所改善。后天的扁平足可能由糖尿病、关节炎等疾病引起。

踮脚就可以矫正扁平足。每日坚持做踮脚动作，可以活动脚部肌肉，改善扁平足的状况。

单腿站立，将一侧腿抬起，另一侧腿保持站立姿势2分钟左右再换腿。这样可以训练脚部和腿部肌肉，增强脚部肌肉的控制力。

除了运动以外，也可以借助一些简单的器械，如筋膜枪、小型球类等来活动脚部肌肉，矫正扁平足。

其他身体缺陷矫正

身体缺陷多种多样，除了肩颈和腿型之外，还有很多身体缺陷。你还知道哪些身体缺陷？你知道这些身体缺陷的矫正方法吗？

骨盆前倾

骨盆前倾是由于骨盆位移引起的，主要表现为臀部后凸，小腹前凸。长期骨盆前倾会增加腰部和肩颈的负担，导致腰痛、脊柱侧弯等身体疾病出现。

骨盆前倾的矫正方法主要有以下几种：

仰卧控腿

仰卧在地，屈腿并抬起，使大腿垂直于地面；双手伸展，放置大腿两侧；上身挺直，贴紧地面；动作保持 1 分钟左右。

仰卧控腿

❀ 俯卧抬腿

仰卧于地面，双手、双膝撑地，一腿屈膝后抬，使胯部肌肉有向后牵拉、伸展的感觉。左右腿交替练习。

仰卧抬腿

 膝过伸

膝过伸也叫作膝超伸，是指膝盖的伸展超出了正常范围。具体表现为小腿向后弯曲，形成一定的弧度。

引起膝过伸的主要原因包括膝关节肌肉力量不足、髋关节肌肉力量过高、韧带损伤等，长期膝过伸会导致膝关节的肿胀、疼痛，造成韧带的损伤，也会使腿型受到影响，使小腿向后弯曲。

严重的膝过伸需要到医院进行治疗和矫正，轻微的膝过伸可以通过一些运动自行矫正。想要矫正膝过伸，就需要加强膝关节肌肉的力量，静蹲就是不错的锻炼方法。

静蹲的具体动作练习方法为，双腿做蹲的姿势，背部贴墙，大腿与地面保持一定距离，双手贴墙，目视前方，坚持 1 分钟左右。

巧用器具——丰富形体表现力

使用器械进行形体塑造，有助于增强动作的造型与表现力，也能为形体塑造过程增添几分趣味。

圈、球、绳、带、巾是几种形体塑造常用到的轻器械，使用起来简便轻快，备受女性喜爱。

圈

呼啦圈的使用门槛低，适用性广泛，使用时能对身体起到很好的按摩作用，利用呼啦圈健身的腰腹燃脂效果明显。

你有过转呼啦圈的体验吗？除了让呼啦圈在身体局部位置转动还有哪些有趣、实用的健身塑形动作呢？

用于健身塑形的圈有很多种，因呼啦圈最为常见，这里以呼啦圈为例。不同女性应结合自己的年龄、身高、体重来选择适合自己的不同直径、重量的呼啦圈。结合呼啦圈进行健身塑形练习，可选择利用腰腹转动呼啦圈，或结合呼啦圈做一些拉伸练习，或仿照艺术体操中的动作做形体造型练习。

 ## 转呼啦圈

腰腹转呼啦圈：双脚开立，双手握呼啦圈，转体，水平甩动呼啦圈的同时，腰腹随呼啦圈转动方向一起做绕环运动，使呼啦圈控制在腰腹高度不停旋转。

腿部转呼啦圈：动作基本同腰腹转呼啦圈，只是利用腿部做绕环动作使呼啦圈旋转。

手臂转呼啦圈：准备姿势同腰

腰腹转动呼啦圈

腹转呼啦圈，手臂侧平举，以肩关节为轴，手臂做绕环带动呼啦圈
转动。

 ## 呼啦圈伸展与平衡练习

动作一：跪姿，双手持握呼啦圈置于身后，一手臂伸直、另一手
臂屈臂，拉伸肩部和背部。

动作二：自然站立，双手持握呼啦圈；重心移至右脚，右腿直
膝站立支撑，左腿屈膝紧扣呼啦圈边缘，双臂向上直臂举起至头上，
双手握呼啦圈的一端，保持身体平衡，手臂和腿部尽量向上延展、
拉伸。

呼啦圈伸展与平衡练习

球

健身球是一种有一定硬度但不失弹力的橡胶球，利用健身球进行健身是一项新兴、有趣的健身方式。

你关注自己的形体健康美吗？良好的形体礼仪曾经给你带来了哪些益处？在你看来，女性形体具有哪些突出特点和客观发展规律呢？

　　健身球是一种不稳定的运动器械，利用健身球健身的过程中需要参与者加强对身体各部位，如手臂、腿、腰腹、背部等的控制能力，这能帮助女性强化身体核心控制力，提高身体协调性，达到燃脂塑体目的。

　　健身球有大小不同的规格，女性可以结合自己的需求来挑选适合自己的健身球，这里以适用成人的大型健身球为例介绍几种常见健身动作及方法。

 仰卧控腿

　　仰卧在健身球上，背部、腰部放在球上，双手头后交叉、抱头，双腿略分开，双脚掌着地；上体后仰，脚跟抬起，脚尖点地，腹部、臀部收紧、大腿肌肉保持紧张，坚持控腿数秒后还原，可反复练习。

仰卧控腿

仰卧转体

仰卧在健身球上，开始姿势基本同仰卧控腿，不同的是只有背部放在球上；双脚掌贴地支撑不动，双臂先胸前平上举；腰腹发力，上体左右转动，手臂随摆。

仰卧转体

 ## 仰卧抬臀

仰卧在地上，双臂自然置于体侧，双腿并拢，双脚搭在健身球上；腰腹、双腿收紧，将臀部抬离地面，身体呈一条斜线，坚持尽量长的时间后还原，可反复练习。

仰卧抬臀

 ## 球上斜板支撑

　　俯卧在健身球上，屈肘置于健身球上，双肘、双脚前掌支撑身体，身体成一条斜线，身体各部位肌肉保持紧张，有意识地控制身体。

球上斜板支撑

球上俯卧撑

俯卧，双腿并腿、双脚搭在健身球上，双手掌扶地、直臂支撑；弯曲双肘至大臂与地面平行后再伸直手臂，反复屈肘做俯卧撑练习。

球上俯卧撑

 ## 球上泳姿

俯卧在健身球上，腹部贴紧健身球；抬头、挺胸，左臂、右腿同时分别向前上方、后上方伸展，坚持数秒后放下，换右臂、左腿做同样动作。手臂与腿协调、交替练习。

球上泳姿

 球上平衡

准备姿势同球上泳姿。双腿夹紧抬起、双臂胸前屈肘远离地面，使身体与地面约成水平状态，注意保持身体平衡和运动安全。

球上平衡

球上伸展

　　仰卧在健身球上，腰部和背部贴球，上体后仰，充分伸展手臂、背部、腰部肌肉，这也是运动后的一个很好的放松姿势。

球上伸展

绳、带、巾

小器械能发挥大作用。绳、带、巾等小型健身器材凭借轻便、安全、有效等优势成为女性健身和形体塑造之路上的得力助手，深受女性欢迎。

关于绳、带、巾类健身器材，你了解多少？生活中，你使用过这三类健身器材中的哪一种，有着怎样的使用体验？

绳

典型的绳类健身器材包括跳绳、弹力绳等。跳绳运动花样繁多，耗时少，运动量大，是十分适合女性的一种有氧运动。跳绳前需充分放松肌肉，做好拉伸，循序渐进，防止运动损伤。

弹力绳大多由天然乳胶制成，拉力随着拉伸程度而变化，有助于女性的柔韧度训练。弹力绳训练对训练场地的要求不高，可随时随地运用弹力绳进行柔韧、拉伸等练习，具有很好的健身效果。

跳绳　　　　　　　　　　　　　弹力绳展臂

带

带主要指弹力带（即健身阻力带），是女性常用的健身器材之一。

与弹力绳类似的是，弹力带也大多由天然乳胶制成，弹力十足，安全有效，能增强身体的灵活性，是女性形体塑造的好帮手。弹力带形式多样，女性可根据自己的喜好和运动习惯去选择。

以下以环形弹力带为例，介绍几种常见塑身方法：

訓練肌群广，帮助雕刻身体线条。

体积小巧轻便，便于携带。

可辅助训练，降低其他动作的难度。

使用弹力带的好处

弹力带颈后展臂

双腿打开与肩同宽，双手握住弹力带两端，绕至颈后。保持背后挺直，核心收紧，右手拉紧弹力带的一端向前伸直，左手肘部弯曲，坚持 20 秒；换左手做相同动作。该动作可有效加强肩胛部肌群的力量，改善溜肩、斜方肌紧张等情况。

弹力带颈后展臂

🌸 弹力带体前展臂

双腿打开与肩同宽，双手持握（或用腕部撑）弹力带的两端。身体正直，双手紧握带身，配合呼吸节奏左右水平或上下垂直拉伸弹力带。该动作可以增强手部力量，雕刻肩颈、手臂线条。

弹力带体前展臂

❀ 弹力带弓箭步提拉

双腿做弓箭步，一脚踩住弹力带的一端，单手或双手执弹力带另一端。保持肩背挺直，手臂用力缓慢将弹力带拉至胸前至双臂屈肘与地面水平。该动作有助于激活背肌、改善胸型、挺拔身姿以及雕琢腿部线条，提升身体的协调能力。

弹力带弓箭步提拉

❀ 弹力带束腿下蹲

自然站立，将环形弹力带套在双腿大腿处，上体正直。一腿不动，另一腿向侧旁迈步，双脚开立，下蹲。以大腿抵抗环形弹力带的阻力，起到腿部燃脂效果。

弹力带束腿下蹲

使用弹力带的注意事项

● 根据个人的身体情况和运动习惯选择合适的弹力带。

● 使用前检查带身是否完好，有无缺口、裂痕，使用时尽量不留长指甲，以免划破带身。

● 拉动弹力带时，使带身远离眼睛，避免带身回弹弄伤眼睛。

● 注意不要长时间憋气，避免血压急速升高。

● 在拉动、复原弹力带的过程中，保持缓慢匀速，才能确保运动效果。

● 定期更换弹力带，以免带身破损给身体带来损伤。

巾

这里的巾主要指毛巾、彩巾。

毛巾是日常常见日用品，利用它来健身和拉伸方便、易操作。

彩巾一般指用于舞蹈的彩巾等，女性手持彩巾，配合音乐节奏进行运动，可强健体魄，使得身体各部位的肌肉、关节得到充分的锻炼，还可增强形体美感、愉悦心情。

第 八 章

精选项目——增强形体活力

CHAPTER 8

目前有很多适合女性学练的运动项目，可以有效帮助女性健身燃脂、塑造优雅形体。

健美操，为女性增添青春活力。

瑜伽，让女性修身养性、提升气质。

普拉提，健身燃脂，调整女性体态。

体育舞蹈，增强女性的动作美、形象美，尽显女性魅力。

结合自己的喜好，挑选适合你的运动项目，科学塑造形体，释放身心活力。

健美操

健美操是富有活力的体育运动项目，属于有氧运动，对燃脂和形体塑造有良好的效果。

在学生时代，你一定有过学练健美操的经历，说一说学练健美操给你带来了怎样的运动体验呢？

健美操基市手型

健美操有效融合了健身、健美的运动作用，是女性参与有氧运动的首选运动项目。学练健美操时更多的是调动身体各部位积极运动，健美操的不同手型搭配不同健美操动作，有助于增加瞬间造型的美感，因此有必要认识和了解健美操的基本手型都有哪些。

健美操常见手型有掌、拳、西班牙舞手势、芭蕾手势等。不同手型还可进行细分。

合掌：五指并拢伸直。

分掌：五指用力分开。

拳：五指弯曲紧握。

西班牙舞手势：拇指内扣，其余手指自掌指关节处依次弯曲。

芭蕾手势：五指微屈，后三指并拢内收，拇指内扣。

健美操基本手型

健美操常见基本动作

🌸 上肢动作

举：双脚开立，身体正直，手臂以肩关节为中心进行各个方向的举的动作，如前举、后举、侧举、上举等，动作应有活力。

屈：双脚开立，身体正直，手臂以肘关节为轴进行各个方向的屈的动作，如胸前屈、肩侧屈、头后屈等，动作应有弹性。

绕、绕环：双脚开立，身体正直，手臂以肩关节为轴，单臂或双臂进行各个方向的绕或环绕运动，如单臂向内、外、前、后绕环，绕环路线应清晰、圆润。

侧平举

侧上举　　　　　　　　　　　头后屈

🌸 躯干动作

移胸：自然站立，髋部固定，腰腹随胸部左右移动。

含胸、挺胸：自然站立，髋部固定，低头、收腹、收肩为含胸；抬头、挺胸、展肩为展胸。

屈腰：自然站立，腰部向前、后、侧方向做拉伸。

转腰：自然站立，迈步，以腰部带动身体沿垂直轴左右转动。

腰部绕和环绕：自然站立，腰部做弧线或圆周运动，手臂随摆。

顶髋：双脚开立，上体正直，髋部向前、后、左、右顶出。

提髋：双脚开立，上体正直，髋部向左上提、右上提。

髋部绕和环绕：髋部做水平方向的弧线或圆周运动，腰腹随摆。

左右屈腰

❀ 下肢动作

直立：双脚并拢、直膝，身体正直。

开立：身体正直，直膝，两脚分开，脚间距略同肩宽。

弓步：自然站立，一腿屈膝，另一腿伸展，如前弓步、侧弓步、后弓步。

踢：自然站立，一腿支撑，另一腿有力度地向前、侧、后踢，动作干净利落。

跳：自然站立，单脚或双脚蹬地，使身体短暂离地，伴随着身体跳起离地，可以有一些手臂或躯干动作。

前弓步　　　　　　　　　　　　侧弓步

前踢腿　　　　　　　　　　　　侧踢腿

瑜伽

瑜伽源于印度，是一种修身养性的运动，目前已成为风靡全球的健身健美和形体塑造运动，尤其备受女性的喜爱。

你有过观看或者练习瑜伽的经历吗？你认为学练瑜伽能给你的身心带来哪些方面的变化呢？

很多女性喜欢练习瑜伽，也羡慕他人能做出优美的瑜伽动作，希望拥有像瑜伽常年习练者那样优雅的身材和气质。瑜伽是女性放松身心、修身养性、健身塑形的重要运动项目。

瑜伽的呼吸、冥想、坐姿、体位练习等，都能给女性带来全身心的形体感受与体验。因篇幅所限，这里重点讲解以下常见瑜伽坐姿和瑜伽体位动作，以供瑜伽初学者参照学练。学练时切记遵从身心，不要勉强挑战超出身体承受能力的动作。

 ## 瑜伽常见坐姿学练

✿ 简易坐

双腿并膝直腿坐，屈腿右脚放在左大腿下，左脚放在右大腿下，双手自然置于两膝上，头、颈和躯干正直。

✿ 莲花坐

双腿并膝直腿坐，左脚放于右大腿上，脚跟置于肚脐下方，脚底朝天；右脚覆盖左小腿放于左大腿上，脚底朝天。双手自然放在膝上或头上合掌。脊柱保持竖直，两膝尽量贴地。

✿ 牛面坐

双腿并膝直腿坐，屈右腿，右脚跟贴近臀部左侧；屈左腿覆盖右腿，脚跟靠近臀部右侧。双手自然摆放或绕臂在胸前合掌。

简易坐

莲花坐

牛面坐

瑜伽基础体位学练

❀ 树式

　　站姿，双脚并拢，身体正直；重心缓慢移向左腿，左腿保持直腿站立；吸气，右脚置于左大腿内侧，右膝外展；双手胸前先合掌，再缓慢举至头上合掌于胸前。保持躯干平衡，稳定不动。

❀ 半虎式

　　跪姿，双手、双膝支撑地面。手指指尖朝向正前方，身体重心移向身体一侧，另一侧的手臂、腿部分别向前、后伸展至水平，动作过程中保持身体平衡。

树式

❀ 猫式

　　跪姿，双手、双膝支撑地面。手指指尖朝向正前方，缓慢呼吸，仰头，腰部凹陷，收腹，保持动作数秒；低头，腰背缓缓上拱至背部凸起，收腹。

半虎式

猫式

✿ 顶峰式

跪姿，臀部置于双脚脚跟上，脊柱挺直。上体缓缓前俯，双手手掌扶地，双手、两膝支撑；双腿伸直，臀部抬高至最大限度，双臂和背部成一条直线，双手掌、双脚掌支撑，身体呈三角形。

顶峰式

🌸 狗伸展式

俯卧，双腿直膝，双脚稍分开。双手置于胸部两侧，指尖向前、手掌撑地，手臂用力将上体抬起，仰头，向后伸展颈部和脊柱，臀部收紧，双腿、双臂也尽量伸展。

狗伸展式

❀ 骆驼式

跪姿，双膝和小腿
稍分开。上体后仰，脊
柱后伸，双手掌置于脚
跟和脚掌上支撑，颈部
向后伸展，臀部收紧，
伸展下脊柱区域。

骆驼式

❀ 犁式

仰卧，双腿伸直并拢，双臂自然置于体侧。双臂紧贴地不动，掌
心向下，腹部收紧、发力，使两腿离地、高高举过额上至头顶后方，
尝试将双腿继续后伸、下压数次，脚趾能碰地最好，量力而行。

犁式

🌸 肩倒立

开始姿势同犁式。屈肘，双手扶握腰部支撑，髋部升起，双腿缓缓抬离地面至双腿与地面垂直，收下巴顶住胸部，平稳呼吸，保持数秒后还原。在一套瑜伽体位练习中，肩倒立只做一次。

肩倒立

🌸 婴儿式

跪坐，臀部置于脚跟上，上体前俯，双手掌心贴放在小腿两侧或向前伸展扶地，手臂自然屈肘，额头轻点地，放松身心。

婴儿式

❀ 战士一式、战士二式、战士三式

战士一式：正直站立，双脚并拢，双臂自然置于体侧。屈右膝，大腿与地面平行，左腿向后伸展，成右弓步；双臂高举、向上伸展，双手头上合掌，脊柱挺直，可略向后伸展。

战士二式：开始动作同战士一式，深吸气，双腿左右分开，两臂侧平举；侧转体，成弓步，双臂成前后平举，头转向屈膝的腿的一侧，目视指尖，后腿伸展。

战士三式：开始动作同战士一式，重心移向右腿，左腿保持直膝站立，上体前俯，双手合掌，手臂向前平直伸展，左腿向后伸展，注意动作和呼吸节奏，保持身体平衡。

战士一式

战士二式

战士三式

🌸 向太阳致敬式

　　以双腿并腿直立、双手胸前合掌姿势开始，在保持平稳呼吸的节奏下，先后依次完成如下图所示动作。

向太阳致敬式（注意动作顺序）

瑜伽学练应量力而行

瑜伽学练的过程，是身心双重付出和收获的过程，学练瑜伽时，不要一味地强调动作到位，要全身心体会动作完成过程中的身心感受。

在学练瑜伽体位动作过程中，动作、呼吸应尽量平稳、缓慢，保持身体平衡，尽量伸展身体但不必勉强，体位动作成型后可结合自己的实际情况坚持数秒或数十秒后还原，可多次练习。

如果自己的动作完成度不高，不必勉强身体动作幅度，量力而行。

普拉提

普拉提是一项比较温和的健身和形体塑造运动，减肥燃脂效果好，能帮助女性科学塑造平坦小腹、马甲线、修长美腿。

普拉提被誉为身体动作、运动技能的"控制术"，你知道常见的普拉提动作都有哪些吗？这些动作是如何帮助学练者塑造形体的呢？

普拉提通常在垫子、健身球或椅子上进行，以抗阻性力量训练和身体灵活性训练为主，常见动作与方法有如下几种：

 单腿伸展

仰卧在垫上，双腿直膝并拢，屈左腿，双手抱扣左腿，使左膝贴靠胸部，头颈向前卷，右腿直膝不动，双脚尖前指。左右腿交替练习。

单腿伸展

 双腿伸展

仰卧在垫上，双腿先直膝并拢，再屈膝，双手抱扣双腿，使双膝贴靠胸部。

双腿伸展

 仰卧踏步

仰卧在垫上，双足着地，屈膝90°。左腿抬离地面，屈膝向胸部方向移动再放回垫上。双腿交替反复练习，如感觉到累可以用手扶腿支撑。

仰卧踏步

侧踢腿

　　侧卧在垫上，双腿直膝并拢，右手置于耳侧贴地，左臂胸前屈肘，手掌扶垫维持身体平衡，左腿直膝向侧上用力踢起至与地面垂直，再放下与垫上的腿并拢，反复抬起、放下。换侧卧方向，侧踢右腿。

侧踢腿

 ## 单腿画圆

　　仰卧在垫上，双手自然置于体侧，抬右腿至大腿与地面保持90°，膝盖尽量保持伸直，头、背、臀、左腿紧贴垫子，右腿以垂直地面的轴线为中心弧状划圈，数次后换左腿练习。

单腿画圈

 跪式游泳

　　跪在垫上，双手、双膝支撑，直臂，大腿与地面垂直。像在水中游泳划水一样，先同时伸展左臂、右腿；再同时伸展右臂、左腿，如此交替反复做伸展练习。练习过程中，始终保持头、背、臀在一条水平线上。

跪式游泳

 骨盆上抬

　　仰卧在垫上，双手自然置于体侧，屈膝 90°，双腿分开与臀部同宽，双脚掌平放在垫上，脊柱保持自然中立；吸气，骨盆上抬，使臀部离开垫子，呼气，骨盆下放，使臀部放回垫上。反复练习。

骨盆上抬

 ## 卷腹抬起

　　仰卧在垫上，屈膝 90°，双手抱头或轻放在大腿上，双脚掌平放、紧贴垫子不动，腰腹发力，上体抬起，使胸部尽量靠近大腿后再躺回垫上。反复练习。

卷腹抬起

两头伸展

　　仰卧在垫上，屈膝抬腿，向头上伸展双臂，腰腹收紧发力，使双腿、双臂向上抬起、远离垫子至最大限度并尽量坚持数秒，双臂、双腿放回垫子。反复练习。

两头伸展

体育舞蹈

体育舞蹈舞种丰富，各有特色，学练中能有效提高学练者的肢体表现力、动作造型美、形体美。

你知道哪些比较流行的体育舞蹈舞种呢？华尔兹属于哪一种类型的体育舞蹈，有什么样的特点呢？

体育舞蹈的舞种与风格

　　体育舞蹈分为两大舞蹈体系，即拉丁舞和摩登舞，这两个不同的舞蹈体系各自包含了 5 个舞种，共计 10 个舞种，每一个舞种都具有别样的风格与风情，对于女性的肢体表现力和气质的塑造作用显著。

伦巴：舒展优美、柔媚抒情。

恰恰：热情奔放，利落、俏皮。

桑巴：柔美婀娜、动律感强。

斗牛舞：气势威武，刚劲有力。

牛仔舞：舞态风趣，步伐轻盈。

华尔兹：又称慢华尔兹，舞姿优美浪漫。

探戈：优雅洒脱、挺拔豪放。

快步舞：奔放灵活，富有跳跃性。

狐步舞：自由洒脱、轻松随意。

维也纳华尔兹：又称快华尔兹，节奏明快。

体育舞蹈的舞种与风格

富有魅力的体育舞蹈舞姿

　　体育舞蹈舞种丰富、风格多样，学练不同舞蹈能有效培养女性独特的个人气质与形体魅力。如果你想尝试学练体育舞蹈，可以结合不同的舞蹈风格来挑选适合自己的一个或多个舞种，如此才能在舞蹈学练中充分体会舞蹈动作带来的独特作用与艺术审美。

体育舞蹈舞姿集锦

参考文献

[1] 陈娟. 形体气质塑造 [M]. 南京：东南大学出版社，2021.

[2] 陈正权，刘阳，赵欣莹等. 健美操与体育舞蹈塑形理论及方法研究 [M]. 北京：中国商务出版社，2018.

[3] 付强. 形体训练与形象塑造 [M]. 北京：人民邮电出版社，2017.

[4] 高扬，高原. 艺术体操基础训练 [M]. 北京：北京体育大学出版社，2016.

[5] 黄菁，朱维娜. 健美操 [M]. 重庆：西南师范大学出版社，2013.

[6] 黄宽容. 健美操（第二版）[M]. 北京：高等教育出版社，2016.

[7] 黄咏. 形体训练 [M]. 武汉：武汉大学出版社，2013.

[8] 姜航. 实用瑜伽体式汇编 [M]. 北京：中国国际广播出版社，2017.

[9] 经典读库编委会. 形象礼仪价值百万 [M]. 呼和浩特：内蒙古人民出版社，2013.

[10] 李鸿. 形体修塑原理与实践 [M]. 成都：电子科技大学出版社，2005.

[11] 廖成惠 . 瑜伽初级入门 [M]. 北京：北京理工大学出版社，2015.

[12] 林恬 . 大学体育与健康教程 [M]. 上海：上海交通大学出版社，2016.

[13] 刘武，李晶，彭罗南 . 瑜伽体式大全 [M]. 成都：成都时代出版社，2014.

[14] 美梓 . 瑜伽从新手到高手 [M]. 北京：北京联合出版社，2015.

[15] 孟蕊杰 . 手势礼仪 [J]. 科技资讯，2010（18）：240.

[16] 牛建军 . 大众体育理论分析与多元发展研究 [M]. 北京：中国水利水电出版社，2017.

[17] 裴少桦 . 职业白领形象礼仪与修炼 [J]. 现代企业教育，2006（13）：7—8.

[18] 田培培 . 形体训练与舞蹈编导基础 [M]. 上海：上海音乐出版社，2010.

[19] 王冬梅 . 全民健身理念解读与运动方法研究 [M]. 北京：中国水利水电出版社，2016.

[20] 王锦芳 . 形体舞蹈 [M]. 杭州：浙江大学出版社，2006.

[21] 吴甜甜 . 形体训练 [M]. 北京：国防工业出版社，2017.

[22] 徐永峰 . 健康中国视阈下我国群众体育组织研究 [M]. 北京：中国商务出版社，2020.

[23] 薛淑好，梁华伟 . 护理礼仪与形体训练 [M]. 郑州：河南科学技术出版社，2013.

[24] 张彤，韩俊武，谭壮 . 舞蹈 [M]. 武汉：华中师范大学出版

社，2015.

[25] 张岩松 . 现代公关礼仪 [M]. 北京：经济管理出版社，2010.

[26] 左婷，魏扬帆 . 形体塑造与展示 [M]. 北京：科学出版社，2012.